Paris

22 balades origin.

Des mêmes auteurs
Drôles de balades dans Paris
Destination Paris
Le Sucre à petits pas
ACTES SUD JUNIOR

De Claude Combet
Le Livre aujourd'hui
MILAN

De Thierry Lefèvre
Romans
Attaques nocturnes,
Ce qui compte dans le premier baiser
Zoo criminel (collectif)
GULF STREAM

Deux banderilles noires
OSKAR

Je t'attends (avec Françoise Grard)
FLAMMARION

Sale nuit à Londres
Noirs complots à Bruxelles
Deux morts à Venise
Dossier Mørden
(avec Béatrice Nicodème)
NATHAN

Poésie
Les Ogresses vertes
Fées rosses et magichiens
Petites chimères et monstres biscornus
ACTES SUD JUNIOR

www.thierry-lefevre.com

Éditorial : Isabelle Péhourticq
Direction artistique : Guillaume Berga
Maquette : Christelle Grossin

© Actes Sud, 2010
ISBN 978-2-7427-8950-4

Loi 49-956 du 16 juillet 1949
sur les publications destinées à la jeunesse

Paris-Banlieue
22 balades originales aux portes de Paris

Claude Combet & Thierry Lefèvre

Illustrations de Magali Le Huche

ACTES SUD JUNIOR

Val d'Oise (20)

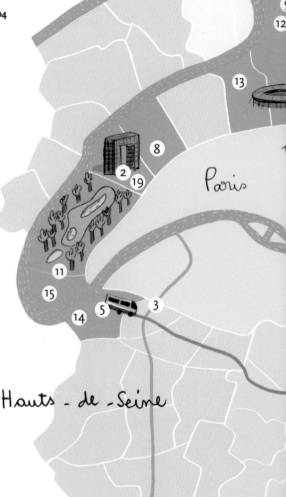

Les numéros correspondent à l'ordre des balades dans le livre.

Avant, c'était simple. Il y avait Paris d'un côté et la banlieue de l'autre. Ou plutôt tout autour. Avant c'était encore le temps de la banlieue en noir et blanc. Les années 1970, la télévision couleur, les cités, le Réseau express régional et l'ascenseur social ont bouleversé l'ordre des choses. La banlieue est devenue LES banlieues, avec son langage, ses codes, sa musique et ses graffitis. Elle n'a jamais cessé de grandir. Loin de tout angélisme, il nous a semblé juste d'en montrer les bons côtés, de valoriser ses ressources et ses trésors offerts à ses habitants et à tous ceux qui voudront bien sortir de la capitale.

Car un nouvel enjeu se prépare : demain le Grand Paris verra le jour. Les architectes sont au travail, et le périph', cette dernière frontière, va peu à peu être recouvert de béton et d'espaces verts. La capitale ne connaîtra alors plus de limites, mais la banlieue non plus : elle entrera dans Paris.

Marcheurs infatigables, nous avons fini par nous éloigner du centre pour gagner la périphérie. En remontant la Seine puis la Marne, en suivant le canal de l'Ourcq, en rejoignant le terminus des lignes de métro, en empruntant les trains de banlieue, nous sommes

allés lever le nez en l'air un peu plus loin. En élargissant notre territoire, notre ambition a toujours été de guetter les surprises à chaque coin de rue, de rechercher les trésors que l'on découvre au sommet d'une colline, au bord de l'eau, derrière une palissade ou un "mur à pêches".

Nous avons tout simplement voulu inciter les banlieusards à se pencher sur leurs richesses et les Parisiens à musarder de l'autre côté du périph'.
Après nos Drôles de balades dans Paris, nous rapportons des environs de la capitale de quoi continuer à combattre l'ennui du mercredi et la tristesse des dimanches.
Dans notre panier à roulettes, nous avons sélectionné des pêches de Montreuil, des vampires de Levallois, du mafé de Saint-Denis et des puces de Saint-Ouen, un chevalier de Vincennes, une tête de cheval de Boulogne ou un aigle du Pré-Saint-Gervais. Nous avons pris l'air à Fontenay-aux-Roses, chez Albert Kahn, sur l'île Saint-Germain, à La Courneuve. Nous avons pris l'eau à Maisons-Alfort et à Pantin. Nous avons pris de la hauteur à La Défense, à Orly, à Vitry et chassé le lapin dans les sculptures de Cergy...

Nous avons accompli nos périples grâce à de nombreux
moyens de transport : baskets, tramway, rollers, bateau
et bus, et usé pour nous rendre sur zone de ces véhicules
fort commodes que sont le train, le RER ou le métro. Comme
à notre habitude nous avons entraîné dans nos sorties,
et par tous les temps, des témoins et des testeurs de tous âges :
8 à 14 ans, 18 à 20 ans, quelques ados de 16 et 17 ans
(les plus difficiles à convaincre) et bien sûr tout un tas de sujets
plus âgés, toujours volontaires, toujours guillerets.
La durée des balades s'établit entre une demi-heure et deux
heures pour la plupart. Elle sont conçues pour être écourtées
en cas de force majeure (une averse de criquets, un ado
en plein chagrin d'amour). Certaines d'entre elles se prolongent
pour un coup d'œil à un monument, la visite d'un musée,
un pique-nique.
Il reste aux adultes, promus ici accompagnateurs, à apprécier
ces balades selon les goûts, l'endurance, la curiosité
et la fantaisie des enfants.

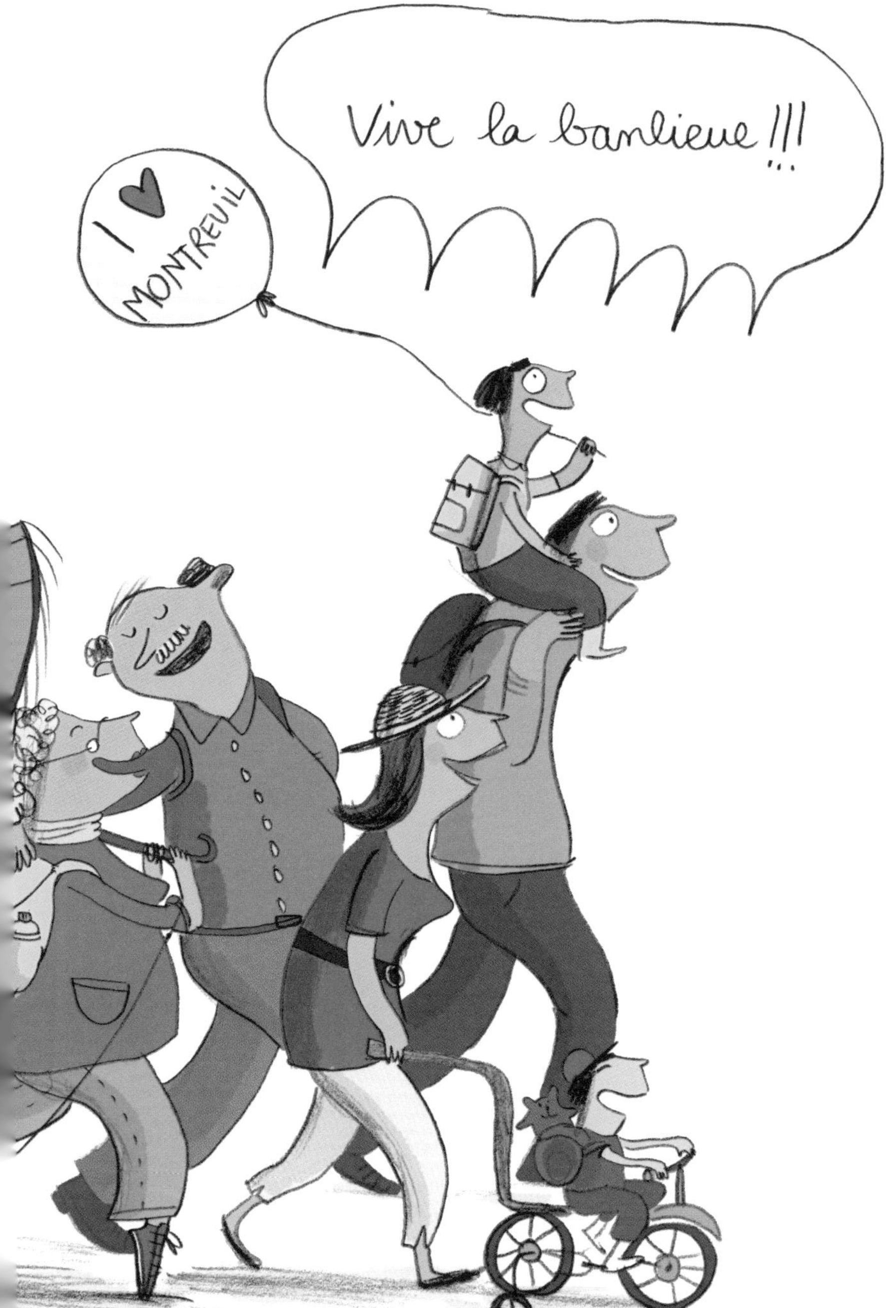
I ♥ MONTREUIL
Vive la banlieue !!!

Tout dans le sac à dos

Dans certains coins de banlieue, on peut se trouver plus éloigné d'un commerce que dans Paris intra-muros. Malgré tout, la banlieue est loin d'être un désert. Que l'on ait faim ou soif ne pose en principe aucun problème au promeneur muni de quelques euros. Il suffit d'entrer dans un café ou une boulangerie pour régler la question. Qu'on se blesse, et la première pharmacie n'est jamais bien loin.

Cependant, une promenade en ville reste une promenade. Il ne nous viendrait pas à l'idée de partir pour une randonnée en montagne les mains dans les poches. En ville aussi, il est préférable d'emporter quelques outils pour les premiers dépannages. S'il n'y a aucun risque de mourir de faim au fond d'une crevasse, il peut être agaçant d'arpenter un parc en tous sens pour acheter un paquet de gâteaux ou une bouteille d'eau minérale.

On piochera dans la liste ci-dessous les outils vraiment nécessaires à la balade, sans encombrer les sacs d'objets inutiles qu'il faudra ensuite porter…

- De l'eau, 50 cl par participant, regroupés dans une bouteille en plastique.
- Des biscuits secs toutes faims, des fruits qui ne s'écrasent pas (en gros, des pommes, même l'orange est pénible à vivre).
- Un guide de la banlieue par communes, comprenant plans des villes, index des rues, plans des transports.
- Des tickets T+ de couleur crème, utilisables dans le métro, le RER à l'intérieur de la zone 1 (Paris), les bus de la RATP à Paris et en banlieue (à l'exception de certaines lignes, telles qu'Orlybus et Roissybus). Subtilités d'utilisation et tarifs sur ratp.fr.
- De bonnes chaussures.
- Un coupe-vent léger, facile à chiffonner.
- Des lunettes de soleil pour été non pourri.
- Un pull de saison, spécial voies navigables.
- Une clé pour les roues de rollers.
- Des mouchoirs en papier tous usages.
- Une casquette à canicule.
- Des protège-oreilles les jours de grands frimas.
- Un œil vif.
- Une humeur bonne.
- Le nez au vent.
- Une pompe à vélo.

Le tout sera remisé avec soin dans un sac à dos léger, en toile imperméable – petites poches en option dans la version luxe-privilège – que l'on confiera de temps en temps au plus jeune pour lui apprendre la vie.

Allez, les amis, en route ! Le premier arrivé a gagné. Quoi ? C'est là tout le mystère...

En tram, en rollers ou en bateau

À pied, le long du canal de l'Ourcq à Pantin

(Balade possible en vélo, en rollers et en trottinette)

Accès : Ligne 5 du métro, station Porte-de-Pantin (entrer dans le parc de la Villette).

Voici une balade au fil de l'eau qui permet de comprendre à quel point la banlieue est liée à la capitale. C'est d'abord une sortie en douceur de Paris, une atténuation du bruit que le proche périphérique amplifie. Sur l'ancien chemin de halage, on perçoit l'importance de la voie navigable : marchandises et matières premières ont nourri la capitale dès le début du XIXe siècle. Très vite, on a le sentiment de se tenir bienheureux, à l'écart du monde.

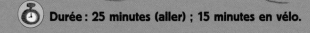

Durée : 25 minutes (aller) ; 15 minutes en vélo.

Une fois n'est pas coutume, cette balade commence dans Paris, à l'intérieur du **parc de la Villette**, à hauteur du canal (suivre le chemin jusqu'à la passerelle).

Riche de 10 jardins thématiques, d'une superficie de 55 hectares, le parc de la Villette est le plus grand parc de Paris. Il occupe l'emplacement des anciens abattoirs et du marché aux bestiaux de La Villette, en activité jusqu'en 1974, qu'on appelait la Cité du sang. Comme un écho lointain, les *Folies* **rouges** de Bernard Tschumi forment de belles taches colorées sur les pelouses vertes.

Balade

▸ Suivre le canal sur la rive droite, quai de l'Aisne, en direction de Pantin, à droite en arrivant de la porte de Pantin et de la **Grande Halle**, devant les manèges.

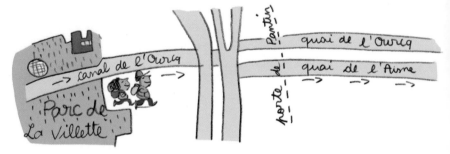

Premiers bâtiments remarquables sur la gauche, les **Grands Moulins de Pantin** : on y transformait en farine le blé livré par péniche. Construits en 1880, ils ont été aménagés entre 1923 et 1935 par les architectes Haug et Zublin. Hauts de huit étages, ils comptaient 24 meules et ont produit chaque année jusqu'à 190 000 tonnes de farine livrée aux boulangers parisiens. Fermés en 2001, ils viennent d'être restaurés et abritent désormais une partie des bureaux d'une grande banque.

Quelques mètres plus loin, la **blanchisserie de Pantin** est installée au bord de l'eau depuis 1883. Suivre toujours le canal (dans la mesure du possible : le chemin contourne parfois des travaux).

▶ On parvient en vue
de l'**hôtel de ville de Pantin**.
Construit en 1886, il évoque
un petit château Renaissance.
À ses pieds, un joli petit port,
fleuri à la belle saison,
où s'arrêtent les péniches
pour la nuit.

▶ On passe sous un pont. À droite, on longe le **Centre national
de la danse**. Construit en béton entre 1969 et 1972, cet ancien centre
administratif a été réaménagé en 2004. Sur 7 000 mètres carrés,
il comprend onze studios de danse, dont trois se transforment
en salle de spectacle, une médiathèque, un institut pédagogique.
Lever le nez pour admirer les lettres du mot "danse" sur le toit.

▶ Des parterres fleurissent
le pied des arbres le long
du quai de l'Aisne. Continuer
jusqu'à la hauteur du bâtiment
vitré du Centre national
de la fonction publique
territoriale (CNFPT), bordé
par un square.

▶ Le canal s'élargit et devient là un véritable bassin. Même si le grand bâtiment à droite est en ruine (ce sont les **anciens magasins de la Chambre de commerce et d'industrie**, construits dans les années 1920, où l'on entreposait les grains et les farines), le bassin est très vivant. Sur le quai, il n'est pas rare de voir des motards s'entraîner, des navigateurs débutants apprendre à piloter les bateaux-écoles, ou des canetons éprouver leurs récentes techniques de nage... Pousser jusqu'à la sablière devant laquelle sont amarrées des péniches qui témoignent de l'utilité du canal aux activités industrielles de Paris et de la banlieue.

▶ Nous recommandons de faire demi-tour à la sortie du grand bassin et de prendre la passerelle pour gagner, de l'autre côté, le quai de l'Ourcq. Si on est à vélo, il faut revenir à la passerelle précédente. Signalons qu'une piste cyclable court sur la rive gauche du canal (quai de l'Ourcq). Sur la gauche, la **tour de Romainville**, un relais de télévision, que l'on aperçoit depuis de nombreuses communes des banlieues nord et est.

▶ On remonte par la rive gauche du canal jusqu'au parc de la Villette.

▶ On peut bien sûr continuer la balade vers Bobigny à partir du grand bassin.

En tramway (T2) de La Défense à la porte de Versailles

(La Défense, Issy-les-Moulineaux, porte de Versailles)

**Accès : Ligne 1 du métro, station Grande-Arche-de-La-Défense.
Le quai du tramway se situe au-dessus de l'entrée du métro.
La fréquence est d'un tram toutes les 10 minutes. Souterrain
au début, le parcours se fait en surface pour 90 % du trajet.**

Le parcours du tramway T2 est un joli voyage
de 13,7 kilomètres dans la verdure, à la vitesse
de 24 kilomètres/heure ; il domine la capitale
et permet d'apercevoir ses monuments
– notamment la tour Eiffel – puis de longer
la Seine, avant de la traverser. On peut aussi,
quand il fait beau, se ménager une halte au parc
de Saint-Cloud ou aller visiter la manufacture
de porcelaine de Sèvres. Le tramway sera
prolongé au nord en 2012 jusqu'à Bezons.

Durée : 35 minutes.

Balade

▶ 1ᵉʳ arrêt : **Puteaux**. D'emblée, une très belle vue sur Paris, et notamment sur la tour Eiffel.

▶ 2ᵉ arrêt : **Belvédère**. Comme son nom l'indique...

▶ 3ᵉ arrêt : **Suresnes-Longchamp**. De l'autre côté de la Seine, on remarque l'hippodrome de Longchamp (voir pages 82 à 85).

▶ 4ᵉ arrêt : **Les Coteaux**. Des jardins ouvriers à droite et à gauche du tramway.

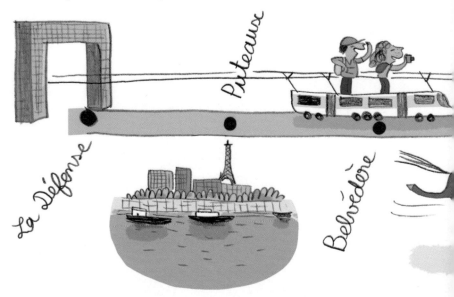

▶ 5ᵉ arrêt : **parc de Saint-Cloud**. Le tramway a quitté les hauteurs et suit maintenant la Seine. On peut voir des péniches tandis qu'on longe le parc de Saint-Cloud à droite. C'est l'un des plus beaux parcs d'Île-de-France. Il domine Paris de ses allées majestueuses. Il a été dessiné par le "jardinier" de Versailles, Le Nôtre, s'étend sur 460 hectares et se compose de jardins, sculptures et fontaines, dont la célèbre **Grande Cascade**, aux rocailles et aux mascarons grimaçants, qui descend vers la Seine.

▶ 6ᵉ arrêt : **musée de Sèvres**. Le musée national de la Céramique de Sèvres, ouvert depuis le XIXᵉ siècle, est l'endroit idéal pour tout savoir sur la porcelaine, et le célèbre "bleu et or" dit de Sèvres. Un film présente les différents procédés de fabrication (la différence entre faïence et porcelaine). On peut s'amuser à trouver, parmi les 50 000 pièces présentées, la plus petite et la plus grande (un vase de 3 mètres de haut pesant 1 tonne), des céramiques imitant les peintures...

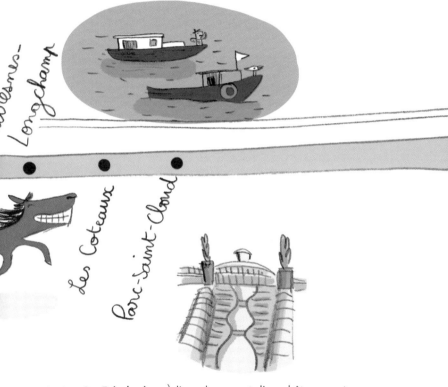

▶ 7ᵉ arrêt : **Brimborion**. À l'emplacement d'un château, se trouve le parc Brimborion. Ce jardin "à l'anglaise", avec ses terrasses, ses rocailles et sa porte en forme de pont, domine la Seine. Il abrite une école d'équitation pour les enfants.

▶ 8ᵉ arrêt : **Meudon-sur-Seine**. Meudon est célèbre pour son immense parc, dont la terrasse domine la Seine, et bien sûr son observatoire, construit en 1876 par Jansen pour regarder les étoiles. Mais ceux-ci sont éloignés du tramway et méritent une autre visite.

▶ 9ᵉ arrêt : **Jacques-Henri-Lartigue**. Le photographe et peintre Jacques-Henri Lartigue est né à Courbevoie en 1894 et est mort à Nice en 1986. Il a photographié les débuts de l'aviation et les "belles dames du bois de Boulogne", et a été le photographe officiel du président Valéry Giscard d'Estaing.

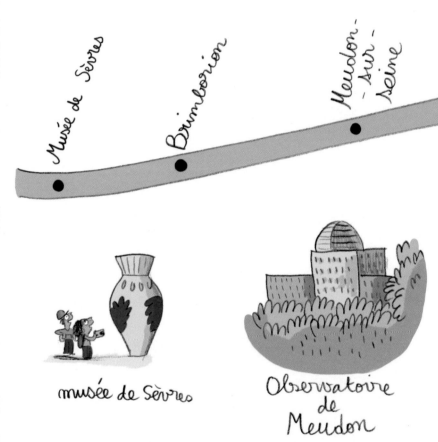

musée de Sèvres

Observatoire de Meudon

▶ 10ᵉ arrêt : **Issy-Val-de-Seine**, musée de la Carte à jouer.

▶ 14ᵉ arrêt : **Porte de Versailles**.
Cette dernière portion du tramway a été mise en service fin 2009 avec quatre nouvelles stations. Ce prolongement permet d'entrer dans Paris par le métro ou par le tram puisqu'il assure la liaison avec les lignes 8 et 12 du métro.

 Jeu :
Combien de souterrains le tram emprunte-t-il ?
Réponse page 119.

Issy-Val-de-Seine

Porte de Versailles

...ques – Henri – Lartigue

Le musée de la Carte à jouer d'Issy-les-Moulineaux

(On y arrive en prenant la rue Auguste-Gervais qui monte en face
de la mairie, musée au numéro 16.)
Ce qui était à l'origine une exposition est devenu une collection unique
de cartes à jouer. La collection a bénéficié d'un bâtiment moderne bâti
en 1997. Dans une lumière tamisée (pour ne pas abîmer les cartes
à jouer), on trouve des spécimens de toutes les époques (les plus
anciens remontent au XVᵉ siècle), ornés de tous les motifs (personnages,
scènes, fleurs, etc.), déclinant tous les thèmes (révolution, guerre,
politique, érotisme, rire), venant de tous les pays et de tous
les continents (Allemagne, Espagne, Italie, Chine, Japon...), cartes
à figures et tarots à jouer ou divinatoires (dont le célèbre tarot
de Marseille). Ambiance et mobilier – panneaux qui coulissent
ou pivotent sur leur axe – amuseront les enfants. Des ateliers
et des spectacles de magie y sont organisés pour eux tandis que
les grands peuvent assister à des cours ou participer à des tournois
(tarot, poker et autres jeux... de cartes).

À vélo ou en rollers sur la Coulée verte du Sud parisien

(Porte de Vanves, Malakoff, Bagneux, Châtillon, Fontenay-aux-Roses)

Accès : Ligne 13 du métro, station Porte-de-Vanves.

Cette balade a été conçue comme un parcours mixte qui comprend une piste cyclable et un chemin pour les piétons, parfois séparés par une haie ; piétons et cyclistes peuvent néanmoins passer de l'une à l'autre – avec la prudence qui s'impose.

La **Coulée verte du Sud parisien** s'ouvre dans Paris (Montparnasse, place Ricardo-Bofill, prendre la rue Vercingétorix) et s'étire jusqu'à la gare de Massy-Verrières en suivant le trajet de l'ancienne voie de chemin de fer Paris-Chartres, soit 14 kilomètres pour neuf communes (Malakoff, Châtillon, Bagneux, Fontenay-aux-Roses, Sceaux, Châtenay-Malabry, Antony, Verrières-le-Buisson et Massy). Nous avons choisi de partir de Malakoff et de nous arrêter à Fontenay-aux-Roses.

Durée : 1 h 30 (3 heures aller-retour) à pied ; 1 heure en rollers.

Balade

▸ À la sortie du métro Porte de Vanves (ou du tramway), prendre la rue Julia-Bartet puis le boulevard Charles-de-Gaulle. On rejoint la Coulée verte rue Raymond-David. Elle est signalée par un panneau explicatif (avec itinéraire). Après la station **Malakoff-Étienne-Dolet**, passer sous la voie de chemin de fer pour longer les rails du côté droit. Protégée par un mur orné de bas-reliefs, la Coulée verte longe l'avenue Camélinat, gagne le métro **Châtillon-Montrouge** et... prend son envol.

Paris N...

Boulevard Charles de Gaulle

Vanves

Malakoff - Étienne - Dolet

Montrouge

Malakoff

Châtillon - Montrouge

Châtillon

Bagneux

Fontenay-aux-Roses

▸ Dans Châtillon, suivre la signalétique. La Coulée verte emprunte un trajet en zigzag, coupe de nombreuses rues (attention en traversant) mais il suffit de se repérer aux lampadaires bleus qui balisent tout le parcours. En chemin, on trouve des aires de jeux sous des pergolas fleuries et un square. Et on laisse sur la gauche la **gare de triage** et l'**entrepôt de la** SNCF avec ses TGV...

▸ Laisser la station à gauche et prendre à droite entre les immeubles. Les enfants goûtent et jouent sur la pelouse que l'on longe par l'allée de droite.

▸ À Bagneux, traverser puis prendre le pont de chemin de fer
à gauche, et tout de suite à droite reprendre la Coulée verte. Attention,
le parcours est plus accidenté : on monte, puis on descend avant
de remonter sur Fontenay-aux-Roses. Passer sous un **pont routier**
(rue Blanchard).

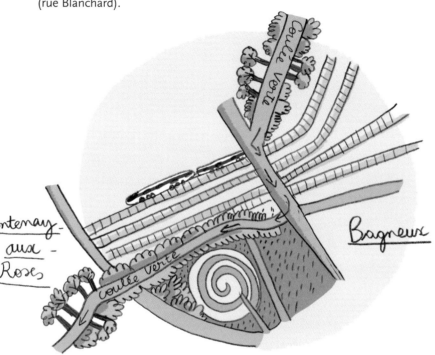

▸ À Fontenay-aux-Roses, la Coulée verte se fond dans un grand
ensemble d'équipements sportifs : terrain de rugby (bordé de tables
de pique-nique), terrain de football, squares,
terrain de pétanque, stade,
ludothèque, gymnase, etc.
Les fans s'en donneront
à cœur joie dans le **roller-
park** qui résonne du bruit
des roues des rollers
et des skates.
Une pause s'impose
dans le petit **parc
Sainte-Barbe**, avant...
le retour par le même
chemin.

En Voguéo jusqu'à Maisons-Alfort

Accès : Lignes 5 et 10 du métro, station Gare-d'Austerlitz. Sortir cour du départ, et descendre sur le quai après le pont Charles-de-Gaulle.

Une balade sur l'eau à faire quand il fait chaud, accessible avec le passe Navigo deux zones ou pour le prix d'un ticket à 3 euros. Comme l'autobus, on peut prendre Voguéo pour une seule station, mais naviguer en catamaran sur la Seine est vraiment réjouissant.

Durée : 30 minutes.

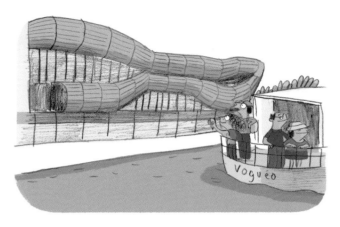

 Balade

▶ De la gare d'Austerlitz, on passe d'abord devant la toute récente
Cité de la mode et du design, identifiable à son serpent de plastique
vert. Première structure en béton armé à Paris lors de sa construction
en 1907, ce bâtiment était un dépôt de marchandises. Sa réhabilitation
pilotée par les architectes Dominique Jakob et Brendan MacFarlane
prévoit des commerces, des restaurants, un lieu d'expositions
et l'Institut français de la mode au dernier niveau.

▶ Juste avant le premier arrêt,
le bateau double la **piscine
Joséphine-Baker** dont le bassin
donne sur la Seine.

▶ 1ᵉʳ arrêt : **Bibliothèque-
nationale-de-France**.
Conçue par l'architecte
Dominique Perrault, la BNF
abrite plus de dix millions
de livres, publiés depuis
l'invention de l'imprimerie.
Ses quatre tours
qui symbolisent des livres
ouverts dominent les deux
étages de salles de lecture
en sous-sol, autour du jardin
intérieur planté de beaux arbres.

▶ 2ᵉ arrêt : Ivry. La ville d'Ivry a aménagé le long du quai une promenade surélevée qui domine le port industriel. Dans les jardins, des panneaux présentent les différentes activités, le fonctionnement de la **centrale à béton Paris-Ivry**, l'histoire des trains de bois qui flottaient sur la Seine au XIXᵉ siècle, la réhabilitation du site entre 1994 et 2001, la relation entre les habitants et le fleuve.

▶ Sur la droite, là où Seine et Marne se rejoignent, se détache la silhouette imposante d'un bâtiment chinois. C'est **Chinagora**, un ensemble immobilier comportant une galerie marchande, plusieurs restaurants, un hôtel et même, au centre, le jardin des Neuf-Dragons. L'architecte cantonais a construit comme en Chine au confluent de deux fleuves (cela porte bonheur), a dessiné des toits en saillie afin que l'eau ruisselle et incurvés pour repousser les mauvais esprits. Des dragons protègent l'édifice de l'incendie car ils avalent le feu. Les couleurs correspondent aux saisons et aux points cardinaux : le rouge symbolise l'été et le sud, le blanc l'ouest et l'automne, le noir le nord et l'hiver, le vert et le bleu l'est et le printemps, et le jaune le centre.

▶ 3ᵉ arrêt : Maisons-Alfort. La ville est célèbre pour son **école vétérinaire**, fondée en 1765, spécialisée dès sa création dans la préservation et l'amélioration de l'espèce chevaline. Elle comprend, en plus de l'école, une clinique pour les chevaux, un centre d'équitation, le musée Fragonard (voir encadré). On peut y faire soigner son animal favori par les étudiants vétérinaires.

Prolongation de la balade : 30 minutes (aller-retour).

▸ À partir du **débarcadère de Maisons-Alfort**, on peut prolonger la promenade à pied en suivant les bords de Marne.

▸ Le petit **port de Maisons-Alfort** est plaisant avec son banc de bois qui court tout du long et ses péniches à l'amarre. On admire le barrage et le passage de l'**écluse de Saint-Maurice**. Il y a toujours un trafic important sur le fleuve. En vélo, emprunter la passerelle pour bénéficier de la piste cyclable sur la rive de Charenton.

▸ Les piétons suivront les berges de Maisons-Alfort jusqu'à la petite **île de Charentonneau** dont le **parc du Moulin-Brûlé** est célèbre pour ses rhododendrons. L'île est un endroit très agréable pour y faire une pause, jouer et profiter de la nature avec pour seul bruit le toussotement des péniches. Il n'est pas rare de croiser oiseaux, canards et autres animaux, et même des ragondins.

▸ Attention, au retour, le bateau fait une escale au **port de Bercy**, mais ne s'arrête pas à la Bibliothèque nationale de France.

Le musée Fragonard et les écorchés du cabinet de curiosités

(Dans l'enceinte de l'école vétérinaire, un peu difficile à trouver, en face de la clinique équine.)

Honoré Fragonard (1732-1799), cousin germain du peintre Jean-Honoré, est le fondateur de la première école vétérinaire du monde. Il inventa un procédé pour conserver des corps disséqués. Il remplaçait le sang des artères par un mélange de graisse de mouton et de résine de pin qu'il portait à ébullition. Il plongeait ensuite les corps disséqués dans l'alcool et laissait l'alcool s'évaporer lentement en les mettant dans un cadre. Il peignait ensuite les artères en rouge et les veines en bleu. On verra ainsi dans le cabinet de curiosités deux hommes, dont un à cheval, des bustes, un cheval et un lama. Âmes sensibles s'abstenir. On peut se contenter du musée, de ses squelettes d'animaux, de ses moulages, en plâtre coloré, d'intestins, de reins et de cœurs de cheval, bœuf, mouton, ours, phoque, chien, dromadaire et autres animaux, conservés pour les élèves vétérinaires de l'école.

Perdre le sud avec le 323

(En bus d'Issy-Val-de-Seine-RER à Ivry-sur-Seine-RER)

**Accès : Ligne C du RER, direction Versailles-Rive-Gauche
ou Saint-Quentin-en-Yvelines, station Issy-Val-de-Seine.
La tête de ligne du bus 323 se situe de l'autre côté
de la rue Rouget-de-Lisle.**

Cette balade tout au long de l'itinéraire
du bus 323 est une jolie façon de perdre le sud
dans une banlieue aux multiples contrastes,
petits pavillons, bâtiments industriels :
au gré de ces détours et contournements,
de ses montées et de ses descentes,
le parcours offre au voyageur une vision
complète de la banlieue de ces soixante
dernières années. Son itinéraire suit la ligne
de défense de Paris, passant de fort en fort.

Durée : 1 heure.

323 IVRY-sur-Seine

Mairie d' ISSY

Balade

▸ Du terminus à la mairie d'Issy-les-Moulineaux fleurissent les immeubles modernes.

▸ Mairie d'Issy-Métro (arrêt n° 4). Noter les phrases sur le monument aux morts : "La jeunesse vivra de meilleurs jours. Leur sacrifice n'aura pas été vain." La ville est jumelée avec de nombreuses villes, dont Pékin (Beijing). Les environs de la mairie sont très animés.

▸ En longeant la **Galerie d'histoire de la ville** et le **musée de la Carte à jouer** (voir page 23), le bus monte vers l'arrêt Rue-du-Fort (n° 5). Au milieu des pavillons, trône le **fort d'Issy-les-Moulineaux** – peu aisé à voir depuis le bus –, vestige de la ceinture de défense de Paris, qui abrite aujourd'hui une caserne de gardes mobiles.

▸ On quitte Issy-les-Moulineaux par une descente. Le bus fait des incursions dans les communes de Vanves, Clamart, Malakoff. Jusqu'à l'arrêt Clos Montholon (n° 7) se succèdent de jolies maisons en meulière.

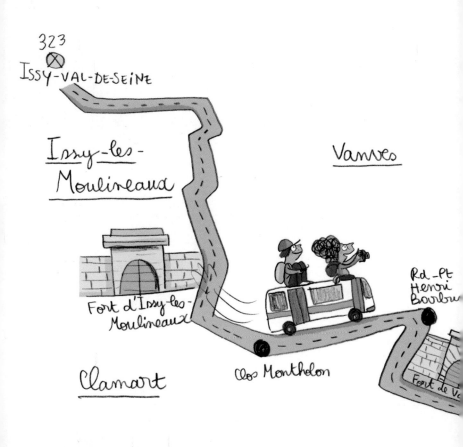

▸ Après les premiers grands immeubles de Malakoff (arrêt Rond-Point-Henri-Barbusse, n° 9), on se concentrera pour apercevoir le **fort de Vanves** (arrêt Jean-Mermoz, n° 11). On s'étonnera de voir, en pleine ville, une allée bordée de cerisiers.

▸ L'arrêt **Avenue-et-Fort-de-Montrouge** (n° 19) donne à voir l'enceinte du fort construit entre 1843 et 1845, à l'intérieur de laquelle ont été édifiés par la suite de nombreux pavillons en meulière et moellons de calcaire. On y trouve aujourd'hui l'ETCA, l'**Établissement technique central de l'armement**, et une **caserne de gendarmerie mobile**.

▸ De Montrouge, on pénètre à **Arcueil**. À l'arrêt Prieur-de-la-Côte-d'Or (n° 20), perdu au pied des immeubles modernes, un **regard du XVIIe siècle relié à l'aqueduc** (construit à la demande de Marie de Médicis), qui amenait les eaux de Rungis au palais du Luxembourg.

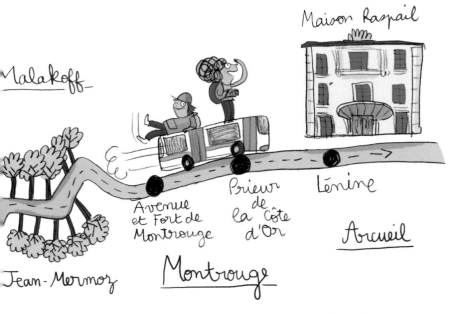

▸ C'est à l'arrêt Lénine (n° 21) que se trouve sans doute l'une des plus belles maisons de la balade. La **Maison Raspail** a été édifiée entre 1850 et 1870 par Émile Raspail, ingénieur des Arts et Manufactures et maire d'Arcueil de 1878 à 1887, fils de François-Vincent Raspail (1794-1878), surnommé le "médecin des pauvres". De style Second Empire, avec deux étages carrés et une imposante marquise au-dessus du perron, divisée en appartements, la maison est en cours de rénovation pour retrouver son allure d'hôtel particulier.

▶ De l'arrêt Hôtel-de-Ville-d'Arcueil (n° 23), on aperçoit au loin, sur la droite, la silhouette élancée de l'**aqueduc** enjambant des maisons.

▶ À l'arrêt Malleret-Joinville (n° 25), on a une très belle vue sur Paris et notamment sur la **tour Montparnasse** – ça change de la tour Eiffel...

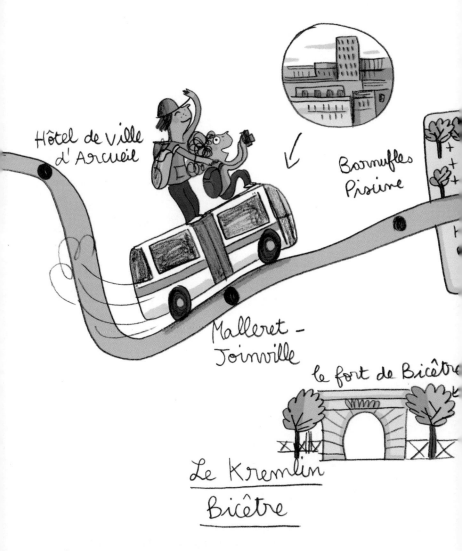

▶ À l'arrêt Barnufles-Piscine (n° 27), on devine le mur d'enceinte du **fort de Bicêtre** qui surplombe la rue.

▸ Le mur d'enceinte suivant (arrêts Le Kremlin-Bicêtre-Métro, n° 29 et Cimetière-Parisien, n° 30) est celui du **cimetière parisien d'Ivry**, planté de platanes centenaires.

▸ À l'arrêt Mairie-d'Ivry-Métro (n° 34), l'œil passe d'immeubles modernes assez tristes à d'autres plus gais, aux terrasses imposantes. Petites maisons de centre-ville et église rappellent qu'Ivry fut d'abord un village.

▸ La balade s'achève à l'arrêt 36 devant la **gare du RER C**, après une heure d'ouest en est à la recherche des couleurs du Sud...

Si tu étais...

Dans la peau d'un chevalier à Vincennes

(Du donjon de Vincennes au Parc floral)

Accès : Ligne 1 du métro, station Château-de-Vincennes.

Saint Louis, qui rendait justice sous son chêne, a utilisé Vincennes comme siège de la royauté. L'ensemble comprend une enceinte avec ses fossés, ses neuf tours, des casemates, une chapelle, un palais classique et un donjon. Longtemps fermé pour restauration, celui-ci est de nouveau accessible au public pour des visites guidées.

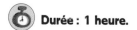 **Durée : 1 heure.**

Défendue par
un pont-levis, haute
de 52 mètres, cette
construction écrasante
symbolise la puissance
de la famille des Valois.
C'est aussi le donjon
le plus haut d'Europe
encore debout.

Avec sa tour carrée de 16,5 mètres
de côté, il possède une tourelle
de 6,6 mètres de diamètre à chaque
coin, et des murs épais de 3,26 mètres.
Les deux derniers étages étaient occupés
par les soldats – qui faisaient le guet
depuis la terrasse – et un magasin
à munitions. Vincennes avait
la réputation d'être le château le plus sûr :
le roi Charles V y gardait son trésor.
Il a servi de prison, notamment
au XVIIIe siècle : y furent enfermés
le philosophe Denis Diderot, le marquis
de Sade, Honoré de Mirabeau, qui écrivit
un *Essai sur les lettres de cachet
et les prisons d'État*, pour dénoncer
le régime carcéral.

Balade

▸ La visite du donjon commence par le **bureau du roi**, sur le chemin de ronde. Pour des raisons de sécurité, l'accès se faisait non pas au rez-de-chaussée mais au premier étage. Chaque niveau se compose d'une pièce carrée de 10 mètres de côté, haute de 8 mètres, avec un pilier central qui supporte la voûte et des latrines. Chaque pièce est destinée à un personnage : le roi, la reine, le dauphin, les invités du roi.

▸ Le rez-de-chaussée comporte un puits et une immense cheminée.

▸ Le roi recevait au premier étage. Les lambris de bois qui recouvrent encore le plafond le protégeaient du froid ; ils sont âgés de huit siècles ! Repérer les créatures symbolisant les prophètes et les quatre évangélistes : le lion ailé (saint Marc), le taureau (saint Luc), l'aigle (saint Jean) et l'ange (saint Mathieu). On trouve aussi une modeste **chapelle** et un **oratoire** où le roi suivait la messe derrière une petite fenêtre.

▸ Le roi avait sa **chambre** au deuxième étage. La preuve ? Les fleurs de lys sur fond bleu à la nervure des voûtes. L'escalier est plus large : il est réservé au roi, qui pouvait être porté (l'escalier pour les serviteurs est plus étroit). Les piliers étaient peints : on voit encore des traces de peinture.

▸ Les autres étages ne se visitent pas encore.

▸ Sortir de l'enceinte du château par la **porte du Bois** (transformée en arc de triomphe) et entrer dans le **Parc floral** par l'entrée "Château" juste en face !

La visite du donjon et la traversée de l'esplanade peuvent avoir déjà
bien entamé la résistance physique des plus jeunes chevaliers
ou damoiselles. Le Parc floral leur propose diverses montures
qui les reposeront ou les distrairont.

Créé en 1969 (et réaménagé en 1979) pour accueillir une exposition
de fleurs appelée les **Floralies**, le parc représente un espace privilégié
à l'orée du grand bois de Vincennes. On peut se perdre dans
ses allées au milieu des rhododendrons, parmi les parterres de fleurs
(plus de 200 variétés de tulipes au printemps et autant de dahlias
en automne), visiter différents pavillons (bonsaïs, plantes tropicales),
se promener autour du lac, jouer sur l'aire de jeux (pieuvre et araignée
géantes aux multiples "pattes-toboggans"), voire écouter des concerts
gratuits en été. On peut aussi se restaurer en différents endroits
ou pique-niquer dans un espace agréable réservé à cet effet.

▶ Le parc se visite à pied ou grâce à divers moyens de locomotion :
un petit train blanc, des rosalies ou parisiennes (compromis entre
le pédalo et la voiture à pédales). Ailleurs sont accessibles bateaux,
karts, vieux tacots en circuit fermé (au fond du parc à droite).
On peut préférer le cheval de bois si l'on poursuit un rêve de chevalier.

Dans la peau d'un aviateur au parc des Guilands

(Montreuil)

Accès : Ligne 3 du métro, station Gallieni (retour par la ligne 9, station Robespierre).

Bien sûr, il faut grimper. Le parc des Guilands domine Montreuil et offre une vue unique sur l'Est parisien. De là-haut, on aperçoit le donjon de Vincennes. Comme vu du ciel. Les amateurs de cerf-volant s'en donneront à cœur joie sur les pelouses immenses dessinées à l'emplacement d'un ancien terrain de moto-cross.

Durée : de 1 heure à 1 h 30.

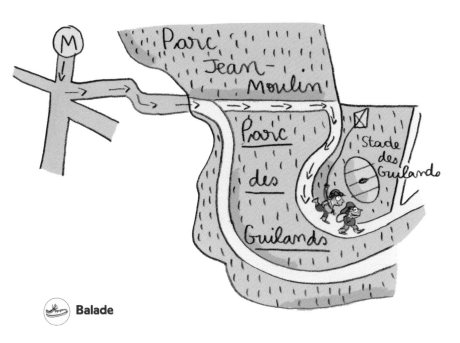

![Balade] **Balade**

▸ À la sortie du métro, prendre en face l'avenue du Général-de-Gaulle. Tourner à gauche dans la rue Sesto-Fiorentino puis la rue de la Capsulerie qui la prolonge. Il n'y a que 5 minutes de marche mais la rue monte et la pente est raide. Pour entrer dans le **parc des Guilands**, passer par le parc mitoyen Jean-Moulin à gauche, ce qui permet d'arriver par l'***Arche de la paix***, une passerelle stylisée qui longe des jardins ouvriers. La passerelle se prolonge par une promenade en pierre (praticable en vélo ou en trottinette), bordée de bancs en bois. Les dimensions confortables des pelouses, la hauteur du lieu donnent l'impression d'être sur le toit du monde. Dès la passerelle, on aperçoit la tour Montparnasse, la tour Eiffel et les dômes parisiens. En s'avançant vers la pelouse du fond, la vue s'ouvre sur le donjon du château de Vincennes et le rocher des singes du zoo. Les enfants jouent au ballon ou au cerf-volant. Par temps chaud, il y souffle un petit air frais bienvenu.

▶ Poursuivre la promenade par le sentier à gauche : un **étang** bordé d'une terrasse en bois s'offre comme un havre sauvage en pleine ville. Du promontoire qui le surplombe, une vue sur Montreuil, Vincennes et le bois. Il est possible de descendre jusqu'à l'aire de jeux, équipée de brumisateurs. En contrebas, on trouvera aussi des tables de pique-nique. Redescendre par le grand escalier blanc, bordé d'une jolie cascade, que les enfants adorent dévaler.

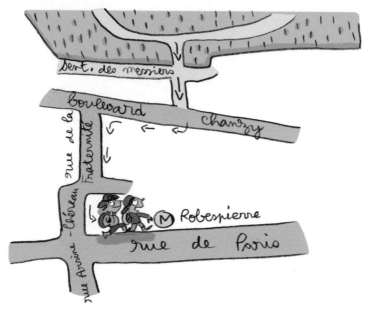

▶ En bas, tourner à droite dans la sente des Messiers puis prendre la rue de la Fraternité à gauche (traverser le boulevard Chanzy), qui se prolonge en rue Arsène-Chéreau, jusqu'à la rue de Paris, qu'on prend à gauche jusqu'au **métro Robespierre**.

Salon du livre et de la presse jeunesse de Montreuil

Au 128 rue de Paris (métro Robespierre), dans la halle Marcel-Dufriche, se tient chaque année, le dernier week-end de novembre, le Salon du livre et de la presse jeunesse de Montreuil (il fête son 26ᵉ anniversaire en 2010). Durant cinq jours, les éditeurs y présentent tous les livres et la presse destinés aux enfants. Les auteurs et les illustrateurs pour la jeunesse dédicacent leurs livres. On peut voir des expositions, écouter des histoires et... acheter ses livres préférés, du manga à *Harry Potter* ou *Twilight*, en passant par... *Paris-Banlieue* !

La Bella balade de Levallois

Accès : Ligne 3 du métro, direction Pont-de-Levallois, station Louise-Michel.

Voici une promenade Bella, plus loufoque qu'horrifique, dans une commune qui se prête particulièrement à l'exercice. Les voies piétonnes sont légion à Levallois-Perret, ce qui permet de déambuler en toute sécurité le nez au vent. Alors, pourquoi ne pas se mettre dans la peau de Bella, l'héroïne de Stephenie Meyer, et imaginer qu'elle y rencontre le bel Edward...

Durée : 2 h environ.

▸ Prendre la rue Louise-Michel sur la gauche en sortant du métro, puis la troisième à gauche, la rue Trébois.

▸ À l'angle des rues Trébois et Henri-Barbusse, se dresse un bel **immeuble de pierre** à l'enseigne "Gibier – Boucherie – J. Damoy – Charcuterie – Triperie". Imaginer que Bella y domine le monde depuis sa petite vigie du sixième étage.

▸ Prendre à gauche la rue Henri-Barbusse, qui mène au **marché couvert** et au **palais des sports**, où Bella va muscler ses deltoïdes pour résister à la morsure vampirique. Prendre la rue Gabriel-Péri sur la droite.

▸ Traverser la rue Louis-Rouquier. Rue Gabriel-Péri, sur la gauche, admirer la façade de la **salle Maurice-Ravel**, conservatoire de musique, danse et art dramatique : Bella y danse. Prendre à gauche la rue Aristide-Briand : la deuxième façade du conservatoire est un piano à queue. Guetter de l'autre côté de la rue, au n° 65, tous les charmants garçons du lycée de Bella qui sortent de l'**institut de beauté Andémonge**.

▸ Revenir sur ses pas jusqu'au carrefour. Traverser le square de l'hôtel de ville en passant devant le bâtiment. Ne pas en croire ses yeux : les deux fontaines pyramidales sont des **tombeaux** où reposent, sous les eaux...

▸ Prendre en face la rue piétonne Maryse-Hilsz. Longer sur la gauche la **place de Verdun** avec ses jets d'eau aléatoires pour entrer dans le **parc de la Planchette**. Au centre, une dent de vampire ?... Non, un **monument en forme d'hélice** à la gloire de l'aviatrice Maryse Hilsz. Prendre à droite, passer devant le club du troisième âge où l'on voit souvent la grand-mère mormone de Bella prendre le thé avec ses amies. Passer derrière le pigeonnier où hibernent de jeunes vampires et sortir à droite.

▸ Dans la rue des Marronniers, sur la gauche, un **mur peint**. Continuer tout droit par l'avenue de l'Europe jusqu'à la **place Georges-Pompidou**.

▶ Prendre à gauche l'avenue Georges-Pompidou. Sur la gauche (après l'avenue Anatole-France), le **lycée Léonard-de-Vinci**, que fréquentent Bella, Edward et Seth. Derrière la façade vitrée, on peut apercevoir les beaux garçons de sa classe.

▶ Prendre à droite la rue Danton, traverser le **square André-Malraux**, puis prendre à droite la rue Ernest-Cognacq et la passerelle de l'**île de la Jatte**, d'où l'on aperçoit les tours de La Défense. Franchir la Seine.

▶ Sur l'île, prendre l'allée Claude-Monet (peintre qui, comme Sisley, a peint l'île de la Jatte). Entrer dans le parc. Sur la droite, se déploient dans un enclos les **ruchers multicolores de Levallois** où de minuscules vampires viennent se reposer durant le jour. Traverser le parc vers l'extrémité nord de l'île, descendre cinq marches glissantes. La **pointe de l'île sur la Seine**, telle la proue du *Titanic*, n'est-elle pas l'endroit romantique par excellence pour deux amoureux comme Bella et Edward ? Revenir en arrière pour sortir par l'escalier du pont de Levallois.

▶ Prendre le pont à droite, puis la première à gauche et descendre par un escalier métallique plutôt raide jusqu'au quai où sont amarrées des péniches, dont le **bateau nettoyeur** *Belenos*. Remonter par la passerelle Picasso.

▸ De retour sur la place Georges-Pompidou, prendre à gauche l'avenue Georges-Pompidou, puis en face la rue Charles-Deutschmann jusqu'au square Léon-Jamin. Prendre la rue Collange. Sur la gauche, le Petit Prince anime les façades des bâtiments du **groupe scolaire Saint-Exupéry**.

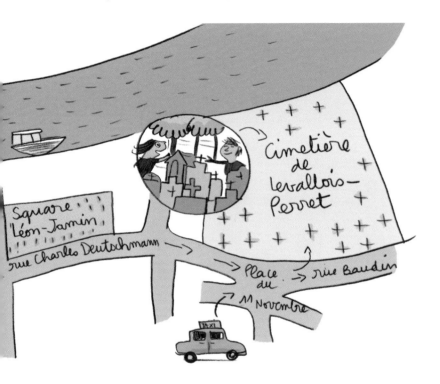

▸ Place du 11-novembre-1918 est érigé un **monument de marbre blanc en hommage aux taxis de Levallois** qui ont contribué à la victoire de la Marne en septembre 1914. Avoir une pensée émue devant le concessionnaire automobile : Bella n'a-t-elle pas été sauvée d'un terrible accident par Ed ? Prendre la rue Baudin en face.

▸ Entrer dans le **cimetière** (fermeture à 18 h) et remonter l'allée centrale. À défaut de vampires, on peut rendre hommage à **Louise Michel** (1830-1905), anarchiste révolutionnaire, grande figure de la Commune de Paris, dont la sépulture se trouve au rond-point.

▸ Repartir par la rue Baudin jusqu'à la rue Anatole-France. La prendre à droite pour retrouver le **métro Pont-de-Levallois**.

Au pays des histoires

Du Moyen Âge au XXIᵉ siècle à Saint-Denis

(De la basilique au stade de France)

Accès : Ligne 13 du métro, station Saint-Denis-Basilique.

Cette promenade emprunte l'itinéraire conçu par le syndicat d'initiative de Saint-Denis : de la basilique au stade de France. Il nous a semblé pertinent de la proposer car elle présente intelligemment les activités de cette cité, qui à la fois symbolise la royauté et illustre les ressources humaines, artisanales et industrielles ainsi que les activités que la banlieue a de tout temps offertes à Paris.

Durée : 30 minutes (1 heure aller-retour, sans les visites de la basilique, du musée ou du stade de France).

La basilique

Conçue par l'abbé Suger au XIIᵉ siècle, sur les vestiges d'un premier édifice érigé au VIIᵉ siècle par Dagobert, et achevée un siècle plus tard à l'époque de Saint Louis, la **basilique-cathédrale de Saint-Denis** est l'un des joyaux de l'art gothique, restauré par Viollet-le-Duc au XIXᵉ siècle. Selon la légende, Denis, premier évêque de Paris, décapité par les Romains sur la butte Montmartre, aurait pris sa tête dans les mains et marché... jusqu'à Saint-Denis : la cathédrale a été bâtie autour de son mausolée. 42 rois et 32 reines de France, 63 princes et princesses et 10 grands du royaume y ont été enterrés. Crypte, vitraux, chapelles et 70 tombeaux et gisants méritent la visite. Pour mieux l'apprécier, voici un petit jeu.

 Jeu : Voici quelques-uns des personnages historiques enterrés à Saint-Denis. Complétez les blancs :
Philippe ... ;
Pépin ... ;
Berthe ... ;
Bertrand D... ;
Louis (il a perdu la tête) ... ;
Saint Cu... ;
Da... (il a mis sa culotte à l'envers) ;
Robert II ... ;
Louis VI ... ;
Louis X ...

Réponses page 119.

 Balade

▸ La promenade commence sur le côté gauche de la cathédrale, dans le petit jardin public. Elle se compose de douze stations symbolisées par des bornes qui illustrent le développement de la ville de Saint-Denis et ses différentes activités (le plan de la promenade y figure). Au recto des bornes, l'histoire de la ville, au verso, son territoire à l'époque. Un objet représentatif de la période ou de l'activité décrite est incrusté dans la borne (malheureusement, certains ont disparu).

▸ **Borne 1 :** À l'origine, la légende : des origines de la cité au Vᵉ siècle (voir page précédente).

▸ **Borne 2 :** La nécropole : du VIᵉ au VIIIᵉ siècle. Dès les premiers siècles, les membres de la famille royale s'y font enterrer.

▸ Passer sous les colonnes ; admirer les vestiges de l'**église des Trois-Patrons**, dernière trace des quatre églises (de la Madeleine) qui entouraient la basilique.

▸ **Borne 3 :** Dagobert et l'abbaye : du VIᵉ au VIIIᵉ siècle. Saint-Denis est un monastère prestigieux auquel Dagobert a accordé l'indépendance.

▸ **Borne 4 :** Fondement de la royauté et centre de la culture : VIIIᵉ et IXᵉ siècles. Pépin le Bref, Charlemagne et Carloman s'y sont fait sacrer, Berthe au Grand Pied y est bénie.

▸ **Borne 5 :** La basilique : symbole et chef-d'œuvre (voir page précédente).

▸ **Borne 6 :** Naissance d'une ville : IXᵉ siècle. Une muraille protège l'abbaye et ses richesses des envahisseurs vikings.

▸ **Borne 7 :** L'**abbaye**. Saint-Denis était alors puissante, c'est le monastère le plus important de toute la Gaule.

musée d'Art et d'Histoire

18

17

15

16

2   13   14

M Porte-de-Paris-Stade-de-France

▶ **Borne 8 :** Une dynamique commerciale et sociale : X^e et XIe siècles. Les foires ravitaillaient toute la région, dont celles de Saint-Denis, qui avait lieu le 9 octobre, Saint-Mathias et du Lendit. L'Hôtel-Dieu, où l'on soignait les pauvres et les malades, se situait à l'emplacement de l'**actuelle bibliothèque**.

▶ **Borne 9 :** La ville en chantier : XIIe et XIIIe siècles. Suger bâtit la basilique, la ville s'agrandit.

▶ L'itinéraire emprunte la **rue de la Cordonnerie**, la plus ancienne rue de la ville.

▶ **Borne 10 :** Le Saint-Denis des artisans : XIVe-XVIe siècles. La porte de la Boucherie, la rue de la Boulangerie que l'on emprunte rendent compte de ces activités, qui tournent aussi autour de la poterie, du textile et du cuir.

▶ **Borne 11 :** Les tavernes : XIVe-XVIe siècles. La ville s'étend derrière les remparts et abrite de nombreuses tavernes où l'on boit à l'Ascension et lors des foires.

▶ **Borne 12 :** Les foires, le commerce : XIVe-XVIe siècles. C'est l'ancienne **place aux Gueldres** où se tenait pour partie la foire du Lendit, née au XIIe siècle ; s'y vendaient draps, fourrures et peaux, vin, chevaux, plantes tinctoriales, parchemin.

▸ On se trouve alors **place de la Résistance** où est édifié un **monument commémoratif** particulièrement émouvant.

▸ **Borne 13 :** Les communautés religieuses : XVIIᵉ siècle. Il y avait cinq couvents à cette époque, qui abritaient des congrégations féminines.

▸ L'itinéraire emprunte alors la rue Gabriel-Péri et passe devant le **musée d'Art et d'Histoire,** installé dans l'ancien couvent des carmélites. Y sont présentés plus de 600 objets issus des fouilles archéologiques de Saint-Denis, une partie du fonds Paul-Éluard (le poète est né dans la ville) et une importante collection de documents sur le siège et la Commune de Paris (1870-1871).

▸ **Borne 14 :** Draps et tentures : XVIIIᵉ siècle. Les rivières et les nombreux moulins installés sur leurs rives permettaient aux tisserands, drapiers, tailleurs, teinturiers, foulons d'exercer leur métier.

▸ **Borne 15 :** Franciade : XVIIIᵉ-début du XIXᵉ siècle. Révolutionnaire, Saint-Denis a changé de nom en octobre 1793. Elle s'est appelée Franciade jusqu'en 1803.

▸ **Borne 16 :** La ville industrielle : XIXᵉ siècle. Avec le canal Saint-Denis et le chemin de fer, la ville développe les industries textile, chimique et métallurgique. L'**usine de l'orfèvre Christofle,** fondée en 1830, s'installe au bord du canal en 1874.

▸ Emprunter le **passage souterrain** pour franchir le carrefour.

▸ **Borne 17 :** Les immigrations, la ville ouvrière : XIXᵉ et début du XXᵉ siècle. Très pauvre et polluée, la ville devient la "capitale" des Bretons d'Île-de-France puis celle des Italiens. Vue sur le canal, où l'on peut musarder sur les berges.

▸ **Borne 18 :** "Saint-Denis la Rouge" : XIXᵉ et début du XXᵉ siècle. **Usine à gaz de Landy, Pharmacie centrale, verreries Legras, ateliers Christofle, forges et ateliers de construction électrique de Jeumont, manufacture de pianos Pleyel, société Nozal, usines Hotchkiss et Delaunay.**

Jeu :

Sur quelles bornes sont incrustés les objets suivants : une boucle de ceinture, une clé, une poulaine, un chapelet, des couverts ?
Réponses page 119.

▸ Prendre la passerelle qui s'élève vers le stade de France.

▸ **Borne 19 :** Les mutations : XXe-XXIe siècles. La ville possède désormais **17 000 logements sociaux**, construits au fil des ans tandis que les bidonvilles sont détruits.

▸ **Borne 20 :** Le **stade de France**. Construit à l'emplacement de l'usine à gaz du Cornillon, il symbolise la modernité de la cité et est devenu très vite un lieu mythique.

Le stade de France

La visite du stade de France est recommandée aux jeunes amateurs de football. Attention toutefois : elle n'est pas possible les veilles et jours de match ou d'événement (concert et autres manifestations). Elle dure 1 h 30 et permet d'admirer l'architecture de l'équipement. Mais les fans apprécieront de voir les vestiaires des joueurs et se plairont à emprunter le fameux couloir qui mène à la pelouse, surmonté de l'inscription "Entrez dans la légende".
En chiffres : 80 000 spectateurs, 9 000 mètres carrés de pelouse, écran grand comme un terrain de tennis, 172 loges VIP, 750 places pour les journalistes, 450 projecteurs, 186 caméras de surveillance, 200 personnes qui y travaillent en permanence, un poste de police avec des cellules, un hôpital avec sept médecins et des pompiers.

Si le Pré m'était conté

(Le Pré-Saint-Gervais)

Accès : En raison de travaux et de l'éloignement de la station de métro Pré-Saint-Gervais, prendre la ligne 5 du métro (direction Bobigny) et descendre au métro Hoche (10 minutes de marche jusqu'au Pré-Saint-Gervais).

Balade littéraire dans la Villa du Pré. Laissez-vous entraîner par le texte à la découverte des noms de rues de cette plaisante commune.
Saurez-vous les retrouver ?

Oh... les vacances étaient bien finies mais heureusement il faisait beau.
En remontant la grande avenue, je poussai un soupir :
les acacias embaumaient. J'allai chercher Édouard, mon aigle,
au fond de son impasse. On décolla.
De là-haut, j'avais une belle vue, les sycomores étaient magnifiques.
Je jetai un œil au beau soleil avant de survoler les marronniers,
de passer devant les marchais. Mon aigle m'amena jusqu'au belvédère,
et, toujours aussi vaillant, Édouard poursuivit des papillons,
frôla des cornettes sur sa gauche, lança un regard au trou marin
et me descendit au passage.
La balade était terminée : elle avait été bien agréable, ni trop courte,
ni trop longue. Ravi, je pris congé d'Édouard.

PASSAGE DU
TROU MARIN

Durée : 1 heure.

▸ Prendre la rue du Pré-Saint-Gervais, qui devient ensuite rue André-Joineau, aller jusqu'au numéro 71 où commence la **Villa du Pré**, un ensemble de 200 petites maisons avec jardinets, où les minuscules ruelles s'appellent toutes "avenue". Prendre la G...-A..., puis la première à droite, l'avenue des A... On passe devant l'avenue des S... et on jette un œil à l'avenue de l'A..., une impasse (pour aller le chercher si on en croit l'histoire). Continuer tout droit avenue de B..., tourner à gauche dans l'avenue des S..., jeter un œil à l'impasse B... et remonter à gauche par l'avenue des M...

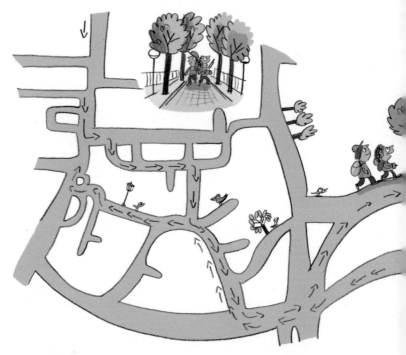

▸ Prendre à gauche l'avenue du B..., jeter un œil à la sente des M..., traverser l'avenue J...-J..., et prendre à gauche l'avenue É...-V... (trottoir de droite).

▸ Les sentes de ce quartier, qui domine Paris, desservaient les jardins maraîchers, les vignes, les vergers et les maisonnettes. Elles étaient parcourues par des "messieurs", des gardes agricoles qui surveillaient les cultures pour éviter que les fruits et les légumes qui approvisionnaient Paris ne soient volés.

▸ Prendre à droite le passage des P..., puis à gauche la sente des C... Au bas, se trouve le **regard du T...-M...**, qui existe à cet endroit depuis le Moyen Âge. Il abrite une **fontaine d'eau de source**, qui alimentait l'aqueduc de l'Est parisien et amenait les sources des hauteurs de Belleville et de Romainville. Au XIXe siècle, il y avait vingt et un regards de ce type. Il en reste deux au Pré-Saint-Gervais (l'autre se trouve en face de la mairie) et deux dans le 19e arrondissement de Paris.

▸ On remonte (fin du suspense) par le passage suivant, à droite, passage du Trou-Marin, jusqu'à l'avenue Faidherbe. Prendre à droite jusqu'à l'avenue du Belvédère (deuxième à droite) qu'on descend à droite jusqu'au passage de la Mairie (après l'avenue des Marronniers) qui redescend... vers la **mairie du Pré-Saint-Gervais**. Retour au métro Hoche par les rues André-Joineau et du Pré-Saint-Gervais.

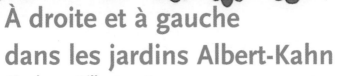

À droite et à gauche
dans les jardins Albert-Kahn

(Boulogne-Billancourt)

**Accès : Ligne 10 du métro, station Boulogne-Pont-de-Saint-Cloud.
L'entrée du jardin, rue du Port, est à 2 minutes.**

Nous aimons les paris stupides : nous en avons
lancé quelques-uns dans *Drôles de balades
dans Paris*. Nous vous proposons de reprendre
l'un de ces principes saugrenus, celui qui consiste
à tourner à droite, puis tourner à gauche : il nous
a semblé qu'il se prêtait bien à la découverte
des jardins Albert-Kahn à Boulogne-Billancourt.

le nouveau jardin
japonais

le verger -
Roseraie

Durée : 45 minutes (hors exposition).

Ce banquier humaniste (1860-1940) voulait favoriser la compréhension des peuples et faire connaître les cultures étrangères. Il a rassemblé une collection de 72 000 photographies en couleurs (la plus importante au monde) et 180 000 mètres de films rapportés d'expéditions dans 50 pays. Et surtout, il a racheté plusieurs parcelles autour de son hôtel particulier de Boulogne pour créer sur 4 hectares, un jardin "mappemonde" riche des essences des cinq continents, l'Europe, l'Amérique, l'Afrique, l'Océanie et l'Asie. Une promenade très dépaysante en pleine ville.

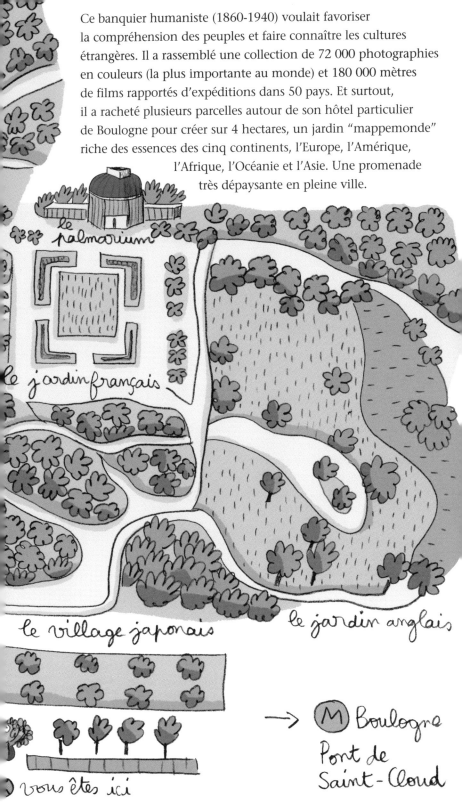

le palmarium

le jardin français

le village japonais

le jardin anglais

→ Ⓜ Boulogne
Pont de
Saint-Cloud

vous êtes ici

Balade

▶ Appliquer le principe "tourner à droite, tourner à gauche" permet de visiter l'ensemble du jardin (certaines allées sont parfois fermées, il suffit de prendre la suivante, le principe n'est pas rigide).
En revanche, commencer par le village japonais (à droite) permet de terminer la visite sur le nouveau jardin japonais, encore plus spectaculaire.

▶ À droite en sortant du pavillon d'accueil, les maisons traditionnelles du **village japonais**, avec la petite rivière, les sculptures-lions, les bonsaïs, plongent d'entrée dans l'ambiance du pays.
Vos pas vous mènent ensuite dans le **jardin anglais**, à la belle pelouse verte et au pont de rocaille.

▶ À la sortie, prendre à gauche, la balustrade de pierre qui donne sur le **jardin français**, ou "à la française", imitant à une plus petite échelle celui des châteaux, avec le **palmarium** à droite (que l'on ne visite pas).

▸ Prendre deux fois à droite, puis deux fois à gauche, histoire de se perdre dans la **forêt vosgienne**, particulièrement sauvage, avec ses sapins, puis dans la **forêt dorée**, qui doit son nom à la couleur de ses bouleaux en automne. Le sentier mène ensuite au **marais**, où roseaux et nénuphars habillent deux pièces d'eau. Tourner à gauche deux fois, puis à droite pour "tomber" dans la **forêt bleue**, appelée ainsi à cause des cèdres de l'Atlas et des épicéas du Colorado qui la composent.

▸ À la sortie, à gauche, puis à droite, on entre dans le **verger-roseraie**, aux tonnelles très fleuries en juin.

▸ Il mène tout droit au **nouveau jardin japonais**, contemporain, réalisé par le jardinier paysagiste Fumiaki Takano. C'est un endroit magique auquel il faut consacrer du temps. Monter sur la rive opposée, dans les taillis, emprunter les deux ponts japonais, traverser les ruisseaux à gué. S'asseoir sur les banquettes de pierre, écouter l'eau courir, escalader les promontoires pour l'admirer... Le lieu est très fréquenté quand les cerisiers sont en fleur.

▸ Sortir en passant devant la petite pyramide.

Une balade africaine
au marché de Saint-Denis

Accès : Ligne 13 du métro, direction Saint-Denis-Université, station Saint-Denis-Basilique.

De Saint-Denis, on connaît la basilique.
Passer à côté de son marché est un tort :
c'est l'un des plus beaux d'Île-de-France,
et l'un des plus dépaysants. Ici, les denrées
d'Afrique noire, du Maghreb, des Antilles,
d'Amérique du Sud, du Portugal ou d'Italie
s'empilent en pyramides colorées : figues
de Barbarie, mangues, gombos, dattes fraîches,
grenades, manioc, aubergines blanches, piments,
ignames du Ghana ou du Brésil, gingembre,
bananes plantains, kakis, dachines de Martinique,
sans oublier les olives, les épices et les herbes...
tout est frais, odorant, savoureux !

Durée : 30 à 40 min.

▸ Ici, pas d'itinéraire imposé. Le jeu consiste à rassembler les ingrédients nécessaires à la **recette du mafé** (voir page 71). On se promènera donc dans la vaste halle du **marché de Saint-Denis**, d'un étal à un autre.

▸ Traverser la place vers la droite. Contourner un vendeur de "Sent-bon" et prendre la rue Jules-Joffrin à gauche, après le magasin de primeurs.

▸ Dans le bruit et la bousculade, lever le nez pour admirer sur le fronton de gauche la **grande horloge du marché** accrochée sur un mur peint aux couleurs de Ripolin, la célèbre marque française de peinture.

Le miel Béton

Depuis 2000, le plasticien Olivier Darnet a eu l'excellente idée d'installer des ruches sur les toits de l'hôtel de ville. Les abeilles dyonisiennes produisent un miel Béton (c'est son nom !) d'une finesse surprenante, vendu localement et notamment à l'office du tourisme de Saint-Denis.

▸ Chercher les ingrédients obligatoires : deux poignées de gombos, un piment "lampion" ou antillais, une aubergine du Mali, un oignon, deux tomates, une carotte, 600 grammes de poulet ou de bœuf (voir la recette ci-contre).

▸ Petits requins, olives très pimentées, épices colorées, galettes farcies à la viande, antipasti italiens, pommes rubinettes ou montagnes de cuisses de poulets : au gré des étals, le marché de Saint-Denis frappe par sa variété et sa démesure. Le visiteur ne sait plus où donner de la tête.

▸ Autour du marché, notamment rue Jules-Joffrin, se trouvent des épiceries exotiques, des magasins magiques où, en plus du beurre de cacahuète (de la marque Dakatine) et des cubes de bouillon de volaille à utiliser pour le mafé, les étagères sont emplies de toutes les conserves et épices des cinq continents.

▸ À vos casseroles et... bon mafé !

Le mafé de Seydou

Ingrédients (pour 4 à 5 personnes) :

- 600 grammes de viande (au choix, poulet, veau, bœuf)
- 2 bonnes poignées de gombos frais
- 1 oignon
- 2 tomates
- 1 carotte
- 1 aubergine du Mali
- 1 piment frais "lampion" ou antillais (rouge et rond) selon les goûts
- 1 boîte de beurre de cacahuète Dakatine
- 2 bouillons Kub
- 2 cuillères à soupe d'huile (olive ou arachide)
- Sel, poivre

Faire chauffer l'huile dans le fait-tout.
Ajouter l'oignon émincé puis la viande en petits morceaux.
Saler, poivrer.
Ajouter les tomates et la carotte coupées en petits morceaux,
le gombo en rondelles.
Faire revenir le tout puis ajouter de l'eau afin de couvrir le plat.
Ajouter l'aubergine coupée en quatre.
Laisser mijoter environ 40 minutes, jusqu'à ce que la viande soit cuite.

Faire chauffer dans une casserole un quart de litre d'eau, y mettre
la moitié du pot de Dakatine et mélanger énergiquement
(si possible au fouet manuel).
Ajouter ce mélange au plat, y mettre les deux cubes de bouillon Maggi.
Ajouter le piment entier : attention, ne pas l'ouvrir, l'écraser ni le couper,
sinon le plat sera tellement épicé qu'il sera immangeable.
Servir avec du riz.

Chasses au trésor

Sauts de puce à Saint-Ouen

(Saint-Ouen)

Accès : Ligne 4 du métro, station Porte-de-Clignancourt. Passer sous le périphérique pour atteindre Saint-Ouen et l'entrée des Puces.

Les Puces sont nées après 1870, quand les chiffonniers chassés de Paris par une politique hygiéniste s'installaient entre les "fortifs" et le village de Saint-Ouen pour vendre des objets le dimanche matin. Elles accueillent sur 7 hectares 5 millions de visiteurs par an qui apprécient le large choix offert par 16 marchés, dont les plus anciens ont plus de cent ans (1908), et 2 000 stands. Attention, ils sont fermés en semaine : à visiter le week-end et le lundi.

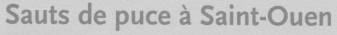

Durée : 1 h 30.

Les Puces restent un endroit mythique pour les enfants, un peu mystérieux ; une première visite peut s'avérer inoubliable, surtout si on en rapporte un objet ou un vêtement auquel le temps donnera la valeur d'un trésor. On évitera les stands de meubles qui passionnent rarement les enfants, mais cette promenade se propose d'explorer différents marchés pleins de charme, où ils trouveront sinon leur bonheur, au moins quelques images d'un lieu inhabituel. Par ailleurs, il est très facile de déguster à toute heure frites, crêpes, glaces, nougats et autres boissons.

Balade

▸ Commencer la balade rue Jean-Henri-Fabre le long du périphérique. Passer les marchés **Malassis** et **Dauphine**, entrer dans le troisième marché : le marché **Malik**. Traditionnellement consacré aux vêtements, le marché Malik propose désormais baskets, tee-shirts et autres vêtements de sport dont les marques font fureur auprès des jeunes. Pour adolescents seulement (les petits s'ennuieront).

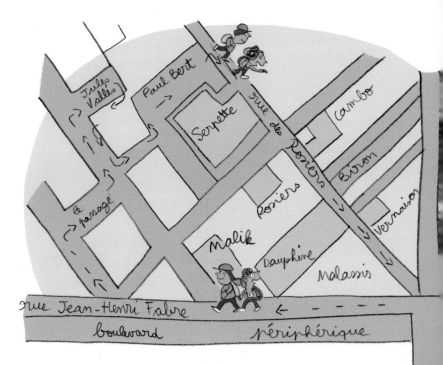

▸ Ressortir et reprendre la rue Jean-Henri-Fabre jusqu'à la rue Lécuyer (deuxième à droite). On emprunte à droite un marché intitulé très justement **Le Passage**. À l'entrée, robes en dentelles et robes de mariées pour les romantiques ; plus loin matériel militaire. Mais si on regarde bien, on peut déjà dénicher quelques objets amusants, montres, affiches, appareils photo, etc.

▸ Prendre à gauche la rue Jules-Vallès. Faire un saut dans le marché **Jules-Vallès** à droite. Ses deux allées dessinent un tour complet. Les objets y sont authentiques. Cherchez l'heure... Les horloges y sont nombreuses !

▸ Revenir rue Jules-Vallès et prendre à gauche l'allée de planches pour rejoindre le marché **Paul-Bert**. Si les meubles n'attirent guère les enfants, ce marché a beaucoup de charme avec ses petites maisons colorées et ses glycines. Chercher le zèbre, le coq (girouette) et l'hélice de bateau...

▸ À la sortie de **Paul-Bert**, prendre à droite la rue des Rosiers. Admirer en passant à gauche au numéro 77 les têtes de sphynx. On entrera ensuite à droite dans le marché **Dauphine**, typique aussi par son architecture, une structure métallique avec un étage et différentes cours... On recommande au premier étage (stand 241) une grande librairie aux nombreux livres pour enfants, posters et bandes dessinées. D'autres stands avec instruments de marine, raquettes de tennis anciennes, globes terrestres ou ballons de rugby séduiront aussi les jeunes. Au rez-de-chaussée, face à la fontaine (allée Sainte-Sophie), on trouvera un large choix de perles et d'accessoires de mode.

▶ On ressort rue des Rosiers pour terminer par le marché **Vernaison**, le plus ancien. Il est caractéristique des Puces de Saint-Ouen avec ses allées tortueuses, ses petits stands : il faut prendre le temps de flâner. Quelques jolis stands devraient passionner les enfants. Allée 5, stand 101, un marchand de jouets. Des casiers de bois gris abritent des yeux de poupée en verre, des perles, des boucles d'oreilles, des sifflets, des bilboquets, des éventails, bref, le paradis du jouet ancien. De son côté, le stand 88 expose des murs entiers de porte-clés publicitaires des années 1960.

▶ Dans l'allée 7, au stand 128, sous l'enseigne **Boulevard des écritures** se niche le temple des porte-plumes, encres colorées, ardoises, tableaux pédagogiques ou affiches éducatives qui faisaient le quotidien des écoles dans les années 1950-1960...
Quant au stand 130, il est entièrement rempli de jouets anciens, trains, soldats, timbres.

Le tour de l'île Saint-Germain, depuis Issy-les-Moulineaux

(Issy-les-Moulineaux)

Accès : Ligne C du RER, station Issy-Val-de-Seine (ou tramway T2, voir page 19). On peut accéder directement à la pointe de l'île, ou choisir de descendre à gauche sur le quai de la Bataille-de-Stalingrad, pour entrer dans l'île par la passerelle du Port-de-l'Europe, où l'on aperçoit les péniches amarrées et l'entrée principale. De la station de métro Mairie-d'Issy (ligne 12), marcher 15 minutes en prenant à travers le jardin public derrière la mairie les voies piétonnes (rue Ménard, puis rue Charlot) menant à la médiathèque, puis prendre en face la rue Rouget-de-Lisle jusqu'à la gare RER. Suivre ensuite l'itinéraire précité.

Première île en aval de Paris, l'île Saint-Germain est couverte d'arbres et de pâturages jusqu'à la fin du XIXᵉ siècle. Les artistes viennent y peindre et les Parisiens fréquentent *Le Bal de Robinson*, une guinguette qui occupe une pointe de l'île. La balade emprunte un chemin le long des berges.

Durée : 1 heure.

Balade

▸ Entrer par le pont d'Issy à la pointe de l'île. Prendre le chemin à droite qui longe la Seine. On aperçoit les immeubles de Boulogne-Billancourt, notamment le siège de TF1, de Canal + et d'autres grandes entreprises. De nombreux bateaux sont à l'amarre et le trafic sur le fleuve est intense.

▸ Le **jardin des découvertes**, le premier des espaces thématiques, juste avant l'aire de jeux, se propose de faire découvrir plantes aromatiques et potagères aux enfants.

▸ Plus loin, à gauche, ne pas rater la **maison de Spiderman**. À mi-chemin, se cachent des jardins clos entre les murs d'anciennes halles qui ressemblent à de vieilles ruines. Charme et mystère sont au rendez-vous.

▸ La piste centrale, goudronnée, est praticable en vélo, rollers, trottinette.

▸ Suivent les **jardins des lavandes** avec leurs essences méditerranéennes.

▸ Sur l'autre moitié de l'île, ont été construits nombre d'immeubles contemporains, par de grands architectes comme Jean Nouvel et Philippe Starck. On peut y accéder par la sortie du parc qui donne sur l'avenue Jean-Monnet.

▸ Rester dans le parc et passer sur l'autre rive en suivant le chemin de droite, le long du petit bras de la Seine. Les **jardins imprévus**, puis les **jardins des graminées** imitent une nature sauvage avec herbes folles et bosquets où flâneurs et pique-niqueurs s'installent à l'ombre des grands arbres.

▸ Remonter par le restaurant puis par la **halle** de l'île Saint-Germain. Elle faisait partie autrefois d'une grande usine construite en 1853 par la Société des glaces et verreries de Montluçon, célèbre pour sa charpente. Lors de l'Exposition universelle de 1867, elle a accueilli une présentation de matériel agricole. Elle abrite aujourd'hui le poney-club et un centre d'expositions et de documentation sur l'environnement. À l'extrémité de l'île, avant la grande pelouse, prendre le chemin à gauche qui mène à la *Tour aux figures*, conçue par Jean Dubuffet et haute de 24 mètres. "Image de nos pensées et de nos rêves", elle se veut "une architecture vivante dont le spectateur découvre, à l'extérieur comme à l'intérieur [pour l'instant, inaccessible], des figures qui aussitôt formées sont remplacées par d'autres."

▸ On reprend ensuite par l'allée centrale ou au bord de l'eau le chemin qui mène au pont d'Issy.

Dessine une tête de cheval à Boulogne

(De l'hippodrome d'Auteuil à l'hippodrome de Longchamp)

Accès (balade à pied) : Ligne 10 du métro, station Porte-d'Auteuil. Au retour, celle-ci n'étant pas desservie dans la direction opposée, il faut marcher jusqu'à la station Michel-Ange-Molitor pour rejoindre la ligne 10.

L'itinéraire est recommandé pour une balade à vélo (piste cyclable tout le long). Sinon, la promenade est très longue : il est alors plus prudent de réserver la journée et de prévoir un pique-nique.

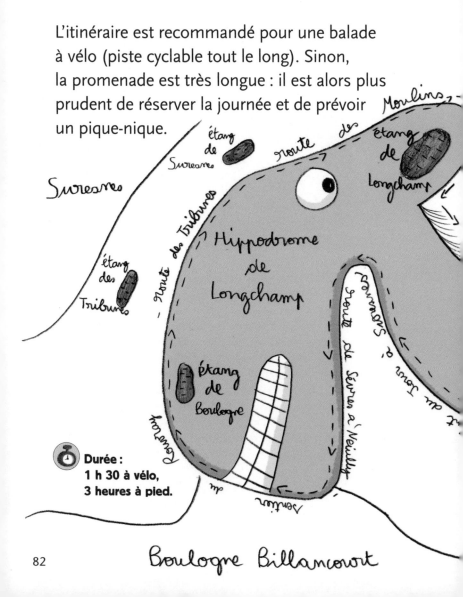

**Durée :
1 h 30 à vélo,
3 heures à pied.**

Il n'y a pas de courses en juillet et en août mais un pratice de golf est installé sur la pelouse de l'hippodrome d'Auteuil. On peut avoir un aperçu du champ de courses, notamment dans le virage. Par ailleurs, l'itinéraire emprunte l'avenue de l'Hippodrome, fermée à la circulation les samedis, dimanches et jours fériés (de 9 h à 18 h), ce qui garantit une promenade en toute sécurité.

Construit en 1873, l'hippodrome d'Auteuil est réservé aux courses d'obstacles (haies, steeple-chase). À l'opposé du bois, l'hippodrome de Longchamp est édifié en 1857 par Antoine-Nicolas Bailly sur le domaine d'une ancienne abbaye. Il s'étend sur 57 hectares et sa grande piste de 2 750 mètres a ses lieux-dits : le Moulin, le Lac, le Petit-Bois.

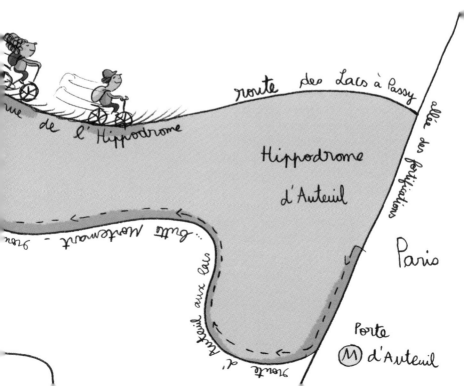

Balade

▸ Hippodromes obligent, la promenade proposée dessine une tête de cheval.

▸ Sortir à droite du métro (sortie n° 2), passer devant l'entrée de l'hippodrome d'Auteuil et en faire le tour. De l'autre côté, à hauteur des tribunes, emprunter la deuxième route à gauche, la route d'Auteuil aux lacs à la butte Mortemart. Au carrefour avec l'avenue de Saint-Cloud, on croise des virtuoses de rollers en pleine démonstration.

▸ Continuer tout droit par la route du Point-du-Jour à Suresnes, traverser l'allée de la Reine-Marguerite, arriver à l'**hippodrome de Longchamp** qu'on peut admirer avec ses tribunes et, au-delà de la Seine, la ville de Suresnes. On prend à gauche la route de la Seine à Neuilly et on fait le tour de l'hippodrome. Attention les cyclistes roulent très vite sur la piste cyclable à droite de cette très large route. On aperçoit La Défense. On longe trois étangs : l'**étang de Boulogne** (à droite), l'**étang des Tribunes** (à gauche) et l'**étang de Suresnes** (à gauche) ; un stade de rugby (à gauche), l'entrée de l'hippodrome de Longchamp (à droite) et... un moulin.

▶ Si on veut dessiner les oreilles du cheval, il faut prendre tout droit la route des Moulins, contourner l'étang de Longchamp et redescendre la route de Sèvres à Neuilly. On passe devant la **Grande Cascade** et le chalet de la Grande Cascade jusqu'au carrefour suivant en longeant le début de l'hippodrome. On prend à gauche l'avenue de l'Hippodrome. Avant d'arriver, on contemple le **Lac supérieur** et son embarcadère et l'on poursuit route des Lacs à Passy. On passe devant la **piscine d'Auteuil**. Pour achever le dessin, on prend à droite l'allée des Fortifications (la piste cyclable continue) pour atteindre la porte d'Auteuil. Si on est à pied, il faut marcher 10 minutes jusqu'au métro Michel-Ange-Molitor.

Le Jardin d'acclimatation

Le Jardin d'acclimatation (métro Sablons, ligne 1) se situe de l'autre côté du bois de Boulogne. L'entrée en est payante (s'y ajoute le prix de certaines attractions) mais ce parc d'activités est un "must" pour les enfants. C'est aussi un parc aux essences exotiques, inauguré en 1860 par Napoléon III. Il abritait un zoo dont les Parisiens mangèrent les pensionnaires lors du siège de Paris en 1870... Sur 19 hectares, les enfants feront des grimaces devant les miroirs déformants, assisteront à un spectacle de Guignol, réviseront le code de la route, mais surtout plébisciteront les bateaux de la Rivière enchantée, les wagonnets du Dragon et les petits chevaux de bois, apprendront à piloter voitures et bateaux téléguidés... sans parler des manèges ou autres activités éducatives et ludiques (Ateliers du jardin, explor@dome, Musée en herbe).

Montreuil
en voit de toutes les couleurs

Départ : Ligne 9 du métro, terminus Mairie-de-Montreuil.

Cette promenade à travers les maisons
– de toutes les couleurs – de Montreuil mène
aux célèbres murs à pêches, curiosité
montreuilloise très ancienne…, et se termine
par l'un des trois parcs de la ville, celui
des Beaumonts. Une fois encore, il faut monter
mais le dépaysement est garanti… À vous
de repérer les couleurs !

Durée : 1 h.

▸ À Montreuil, le métro voit rouge ou... vert : regarder les bornes marquant l'entrée du métro (elles datent des années 1930), l'une est rouge, l'autre est verte.

▸ Prendre l'avenue Walwein en face de la mairie. De loin, on aperçoit la **tour Franklin** aux mille couleurs, réhabilitée en 2009. De nuit, c'est aussi une sentinelle aux lumières colorées. Sur la droite, les immeubles modernes de la rue Franklin jouent avec le rouge de la brique. Monter par la rue de Rosny à gauche, prendre la première à droite, la rue des Gradins. Chercher les maisons de couleur : une noire, deux roses, une ocre et jaune (rue de Vitry à gauche).

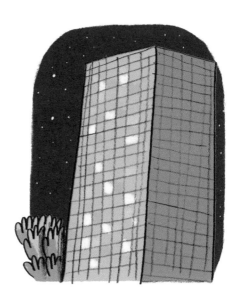

▸ Rue de Vitry, prendre la première à droite, rue de la Terrasse, et découvrir la maison bleue. Prendre à gauche la rue Eugène-Varlin, le long du cimetière, ceint d'un mur... peint en gris. Chercher le pavillon gris, puis l'immeuble à l'entrée rose et au pilier rouge !

▸ Tourner à droite, toujours le long du cimetière, rue Pierre-de-Montreuil. Petit défi : repérer **deux constructions jumelles en briques rouges et deux portails bleus** (dont un avec une sirène).

▸ Prendre à gauche la rue Monmousseau, dans laquelle on déniche une maison aux volets et portail bleus, et un immeuble recouvert de céramique verte.

▸ En face, l'impasse Gobétue, l'un des accès aux **murs à pêches** (visite seulement le dimanche, voir encadré), blancs sous le soleil.

▸ Prendre à droite jusqu'au carrefour et entrer dans le **parc des Beaumonts** par la rue Paul-Doumer. Le vert y domine, bien sûr. On traverse la prairie où l'on marque une pause en admirant la vue sur Montreuil et la banlieue est, à 110 mètres d'altitude.

▸ Continuer tout droit dans la partie sauvage du parc (une mare, une cascade, des grenouilles et toutes sortes d'oiseaux) par le chemin de terre. Prendre le chemin de droite, puis à la fourche, celui de gauche, qui traverse le parc vers le sud.

▸ On sort par la rue des Ormes, qui rejoint la rue Gaston-Lauriau, que l'on suit jusqu'au bout. Ocre, rouge, bleue : trois nouvelles maisons attirent l'œil. Prendre la rue Franklin à droite : on débouche au pied de la tour aux mille couleurs, et on tourne à gauche rue Walwein pour retrouver la **mairie**.

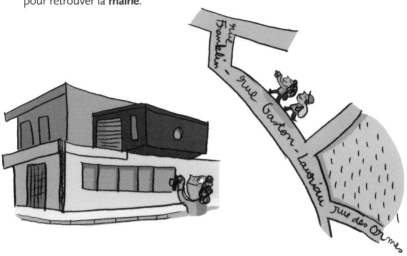

Les murs à pêches

À partir du XVIIe siècle, les horticulteurs de Montreuil cultivent des pêches (mais aussi des fraises et des cerises). Les pêchers sont installés au centre des parcelles et en espaliers, sur des murs blancs qui emmagasinent la chaleur pendant la journée et la restituent la nuit. Leurs fruits alimentent alors les grandes tables d'Europe. Ainsi en 1907, ces cultures occupent 720 hectares (sur les 930 hectares que compte la ville) et constituent un vrai labyrinthe de murs blancs. Aujourd'hui, nombre de murs se sont écroulés ou ont disparu avec la construction des immeubles et celle de l'autoroute. Il ne reste que 38 hectares, dont 8,5 ont été classés au patrimoine. Quelques parcelles ont été cédées à des associations qui se chargent de préserver ou de retrouver les cultures d'autrefois. On peut les visiter le dimanche après-midi, le long de l'impasse Gobétue (avec un plan des parcelles à l'entrée). Par ailleurs, le musée horticole du jardin-école présente l'histoire des murs à pêches (ouvert le deuxième dimanche de chaque mois).

Hip-rap-hop à Bagnolet

Accès : Ligne 3 du métro, terminus Galliéni.

Cette sautillante balade permet de découvrir
sur une même commune différents visages
de la banlieue : anciennes maisons ouvrières,
cités des années 1960, immeubles et tours
des années 1970, tags des années 1990-2000,
squares et jardins partagés. Quoi de mieux
pour passer d'une époque à l'autre que le rap ?
La balade dessine les trois lettres du mot
emblématique de la culture hip-hop... avec
les graffitis. Ne pas s'inquiéter si le terrain
monte à l'aller, il redescend ensuite !

Durée : 1 h 15 à 1 h 30.

▶ En sortant du métro, passer sous l'échangeur de l'autoroute A3 et suivre la rue Sadi-Carnot dans le prolongement de l'avenue Charles-de-Gaulle. Sur la droite, on aperçoit les mouettes peintes sur les cheminées du centre de chauffage urbain.

▶ Prendre à droite la rue du Général-Leclerc, la montée la plus rude de la balade. On longe le **centre de chauffage urbain** et le **jardin des Buttes**.

▶ Au carrefour, prendre la première à gauche, la rue Jules-Vercruysse. Cette descente raide constitue la première jambe de la lettre R. Prendre la troisième à droite, la rue Malmaison, jusqu'à la place du 11-novembre-1918, d'où l'on aperçoit en contrebas le chevet d'une petite **église romane**.

▸ Prendre à droite l'avenue de Bellevue puis aussitôt l'avenue des Fleurs, dédale pentu de petites rues bordées de maisons coquettes. Reprendre à gauche la rue Jules-Vercruysse, puis à gauche l'avenue des Arts, dernière jambe du R, jusqu'à la rue Lénine.

▸ Pour trouver la lettre A, il faut se diriger un peu plus au nord en suivant la rue Pierre-et-Marie-Curie qui traverse un quartier d'immeubles construits dans les années 1960 et 1970. Les graffitis sur les murs du **centre culturel** à droite contribuent à mettre l'ambiance hip-hop.

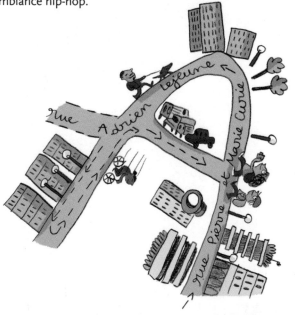

▸ Il faut aller chercher la suite du A rue Adrien-Lejeune, une petite rue discrète (après la rue Béranger) à gauche, au pied d'une tour. Le A s'écrit donc de droite à gauche. Suivre la rue jusqu'aux murs mitoyens du **groupe scolaire**, passer devant une série de maisons identiques bâties en 1967 et continuer jusqu'au bout de l'impasse. Revenir sur ses pas et prendre à droite à travers le **parking** pour dessiner la barre horizontale du A.

▶ Reprendre la rue Pierre-et-Marie-Curie sur la droite. Passer devant le **groupe scolaire Jules-Verne** et prendre à gauche la rue Julien-Grimau qui dessine le début de la boucle du P.

▶ À l'angle de la rue Descartes, le pignon d'un immeuble accueille depuis juin 2009 l'**œuvre d'un grapheur de Philadelphie, Paul Santoleri**, réalisée avec les habitants du quartier et intitulée *Imago*, mêlant peinture et céramique. Cette réalisation s'inscrit dans un programme d'échange culturel entre les deux villes, des grapheurs de Bagnolet étant déjà allés en repérage dans la capitale de la Pennsylvanie pour créer à leur tour une œuvre.

▶ Continuer tout droit rue Fernand-Léger et tourner à gauche dans la rue Raymond-Lefebvre, puis de nouveau à gauche dans la rue Pierre-et-Marie Curie. À hauteur du **centre culturel**, le pied du P est terminé. Il est temps de rentrer…

▶ Retour au métro par la rue Pierre-et-Marie-Curie, puis par la rue des Fossillons en face, qui débouche rue du Général-Leclerc qu'on redescend sur la droite le long du jardin des Buttes.

Toujours plus loin

Voir les avions à Orly

(De l'Orlyval à la terrasse d'Orly-Sud)

Accès : Ligne B4 du RER, station Antony (30 minutes depuis Châtelet). À Antony : prendre la navette Orlyval sur le quai (billet spécifique).

Si l'avion a pris une place importante dans nos vies et s'est banalisé, n'oublions pas qu'il reste un moyen de transport exceptionnel et magique aux yeux des enfants. Cette promenade allie un voyage en Orlyval, la navette sans conducteur qui mène à l'aéroport, et la visite de l'aérogare, véritable petite ville en miniature. On y observera aussi la vie sur le tarmac et on tentera d'apercevoir les avions au décollage.

Durée : 6 minutes jusqu'à Orly-Ouest, puis 1 minute d'Orly-Ouest à Orly-Sud pour le trajet en Orlyval. On peut ensuite flâner autant qu'on le souhaite dans l'aéroport. Prévoir au minimum 1 heure à 1 h 30 sur place.

Balade

▸ **Orlyval** : Comme la ligne 14 du métro parisien, la **navette Orlyval**, mise en service en 1991, est un métro automatisé et sans conducteur. Mais à la différence du métro, une grande partie de son trajet se fait à l'air libre. Il est amusant de voyager dans ses voitures, de regarder le paysage – parfois en pleine campagne – et surtout d'apercevoir les pistes et les avions. La grande courbe qui arrive sur **Orly-Ouest** (le premier arrêt) est même impressionnante.

▸ **Orly-Ouest** : Construit en 1971, après **Orly-Sud**. L'aérogare est une petite ville, avec ses boutiques, sa pharmacie, ses voyageurs qui enregistrent leurs bagages ou se restaurent, sa chapelle. On peut aussi se faire masser ! Depuis l'extérieur, on aperçoit Orly-Sud et la tour de contrôle, construite en 1966 et haute de 54 mètres. L'aéroport ne donne pas directement sur les pistes mais en montant sur la mezzanine du hall 2 (prendre l'escalier mais pas les escalators), à droite du hall, on peut voir les avions attendre à la queue leu leu, se mettre à rouler très vite avant de décoller.

▶ **Orly-Sud** : Le premier aéroport construit à Paris (1957-1960).
Dans les années 1960, la terrasse du premier étage, où l'on pouvait
voir décoller les avions, était un but de promenade dominical. Avec
4 millions de visiteurs (qui ne prenaient pas l'avion) par an, l'aérogare
était plus visitée que la tour Eiffel ! Située à 14 kilomètres de Paris,
elle possède trois pistes et est utilisée pour les vols nationaux,
européens, ou à destination du Maghreb, du Moyen-Orient,
des DOM-TOM et du Québec. Par les escalators, monter
sur la **terrasse panoramique** au quatrième étage (au troisième,
une plaque et des photos commémorent l'inauguration de l'aéroport
en 1961). La terrasse est agréablement aménagée. Le spectacle
est total : on devine les pilotes dans les cockpits, on voit les autobus
rouler sur les pistes, les camions faire le plein des avions
et les bagagistes sortir les valises sur un tapis roulant pour les charger
sur les chariots, et même les voitures sur l'autoroute qui passe sous
les pistes. Les rêveurs resteront des heures à observer l'activité
fourmillante du **tarmac**.

Gratte-ciel de La Défense

(De l'esplanade à la Grande Arche, le Cnit)

Accès : Ligne 1 du métro, station Esplanade-de-La-Défense.

Certains n'aiment pas, d'autres adorent.
La Défense est un monde à part entière.
On ne recommande cette balade que par beau
temps : l'esplanade a beaucoup moins de charme
sous une pluie battante ! Et le panorama,
du haut de la Grande Arche, qui clôt la balade,
est beaucoup plus appréciable.

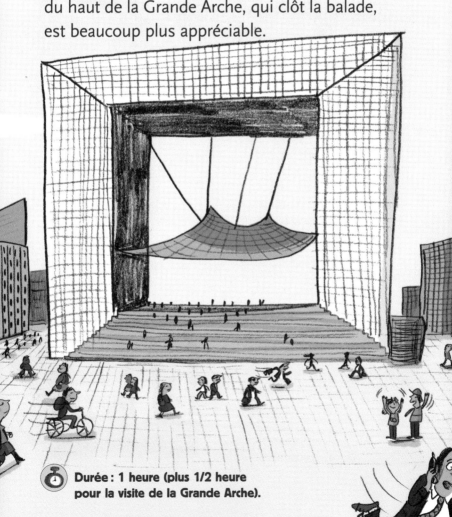

**Durée : 1 heure (plus 1/2 heure
pour la visite de la Grande Arche).**

Balade

▸ Le départ se fait sur l'**esplanade**. Dès la terrasse surplombant la bouche de métro, on admire la **perspective** sur Neuilly et l'Arc de Triomphe, et la vue sur la tour Eiffel. Le superbe bassin avec les **sculptures de Takis** (1990) : 47 feux lumineux multicolores qui clignotent la nuit et rappellent la foule qui arpente la "grande dalle".

▸ Prendre à gauche l'allée des Sculpteurs. Remarquons à droite la **tour en couleurs Moretti**, la **sculpture de Venet** (qui évoque une araignée), la **fontaine-grenouille**, les **jardinières étranges** (comme des bouddhas). Marcher toujours tout droit. Au passage, on notera la **tour végétale d'Édouard François**, la **tour _Trois arbres_ de Guy-Rachel Grataloup**.

▸ On arrive au **deuxième bassin**. **Mosaïque d'Agam** et jets d'eau aléatoires, rafraîchissants en été. On y retrouve *La Défense de Paris*, une statue érigée en 1883 au carrefour de Courbevoie qui a donné son nom au quartier. On reconnaîtra le **totem "branche" de Lim Dong-Lak**, les *Personnages* bleu, jaune et rouge de Miró, *L'Araignée rouge* de Calder. *Le Pouce* de César, lui, est installé à l'extrémité droite de l'esplanade (après le Cnit).

La Défense s'est construite par vagues depuis la première tour érigée en 1957. De nouvelles générations de bâtiments surgissent à chaque décennie. Une douzaine de nouvelles tours de plus de 300 mètres sont d'ailleurs prévues d'ici 2012. Les plus grands architectes en ont édifié : Roland Castro, Jean Nouvel, Ieoh Ming Peï (celui de la pyramide du Louvre), Christian de Portzamparc...

▸ Nous voici au pied de l'**Arche** avec à droite le **Cnit** (Centre national des industries et des techniques), construit par Bernard Zehrfuss, Robert Camelot et Jean de Mailly, au toit triangulaire en béton grand comme la place de la Concorde (on dirait une pieuvre) et le **centre commercial des Quatre-Temps** à gauche. L'animation est grande et ici les coursiers sont à vélo pour apporter les plis d'une tour à une autre. Il y a de nombreuses sculptures dans tout le quartier : on peut s'amuser à les chercher (un parcours avec leur emplacement est disponible au musée de La Défense).

▶ Le clou de la visite (1/2 heure) est la montée dans la **Grande Arche de La Défense**. L'ascenseur vitré qui dessert le sommet de l'édifice à 110 mètres de hauteur en 66 secondes est particulièrement impressionnant (les personnes sujettes au vertige devront s'abstenir).

▶ Voulue par François Mitterrand et ouverte au public en 1989, la Grande Arche de La Défense est spectaculaire. Reposant sur douze piliers de 30 mètres de haut fichés dans le sol, ce cube évidé de 110 mètres de côté, dans lequel tiendrait Notre-Dame, flèche comprise, est une arche parfaite composée de 3 hectares de marbre de Carrare et de 2,5 hectares de dalles de verre et pesant 300 000 tonnes. Elle abrite 40 000 mètres carrés de bureaux, dont ceux du **ministère de l'Écologie**. Elle clôt la perspective de La Défense dans l'alignement du Louvre, du Carrousel et de l'Arc de Triomphe. Son architecte, le Danois Johann Otto von Spreckelsen, est mort avant de l'avoir vue terminée.

▸ Au sommet, depuis la terrasse panoramique, on domine l'esplanade (les humains apparaissent petits comme des fourmis), et la perspective s'ouvre plus largement : du haut des tours du quartier à la tour Eiffel... On y visite aussi un **musée de l'Informatique**, une **galerie photo** présentant en images sa construction, une **boutique**, un **restaurant**.

Le musée de La Défense (sur l'esplanade)

Il est dédié à l'histoire du quartier et à celle de l'axe Louvre-Concorde-Champs-Élysées-Arc de Triomphe, qui menait les rois au château de Saint-Germain-en-Laye dès le XVIIᵉ siècle. Le musée reconstitue l'édification de la première tour : la tour Esso, aujourd'hui détruite, dont les volets des baies vitrées dessinaient, la nuit, le sigle du pétrolier. Le sous-sol de La Défense est présenté en coupe (métro, RER, voitures). On y voit aussi des maquettes du quartier, des dessins de chacune des tours (y compris de celles qui n'ont jamais vu le jour). La visite est gratuite, et les visiteurs peu nombreux alors que l'endroit est formidable.

L'Oise et l'Axe majeur à Cergy

(De l'horloge au paradis des lapins, le long de l'axe de Dani Karavan)

Accès : Ligne A4 du RER, gare Cergy-Saint-Christophe. Sortir de la gare aux deux horloges : chacune d'entre elles mesure 10 mètres de diamètre (333 fois plus grande qu'une montre-bracelet), la grande aiguille est longue de 5,76 mètres et pèse 145 kilos, la petite 3,80 mètres et 75 kilos et la trotteuse parcourt 45 kilomètres par jour !

Cette promenade de 3,2 kilomètres offre un point de vue exceptionnel sur l'Oise et sur l'agglomération parisienne. Si le temps le permet, on aperçoit les tours de La Défense et même Montmartre et le Sacré-Cœur.

 Durée : 50 minutes (aller-retour : 1 h 30 environ).

Après la gare aux horloges de Cergy-Saint-Christophe
et le quartier du Marché, la balade se déroule au long des douze
étapes de l'Axe majeur conçu par l'artiste israélien Dani Karavan.
Symbolisant l'"identité de la ville nouvelle", il s'inscrit dans
la tradition des perspectives comme en offrent les jardins
à la française et croise l'autre axe historique qui va du Louvre
à La Défense en passant par l'Arc de Triomphe.

Balade

▸ Prendre à gauche en direction de la rue de l'Abondance. Aller tout droit jusqu'à la place des Colonnes.

▸ Station n° 1 : la **tour du Belvédère**. C'est le départ de la promenade en douze stations symbolisant les douze heures du jour et de la nuit, les douze mois de l'année, les douze signes astrologiques, les douze tribus d'Israël, les douze Apôtres. La tour, haute de 36 mètres et large de 3,6 mètres, indique la direction de l'axe depuis son sommet, à l'aide d'un rayon laser, et depuis la base, à l'aide de l'axe blanc, de la largeur de la tour, dessiné sur le sol.

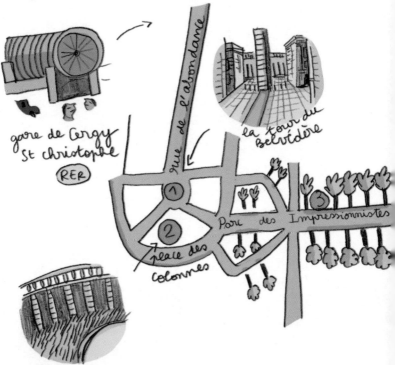

gare de Cergy St Christophe (RER)

rue de l'abondance

la tour du Belvédère

place des colonnes

Parc des Impressionnistes

▸ Station n° 2 : **place des Colonnes**. Cette place spectaculaire a été dessinée en 1985 par l'architecte Ricardo Bofill (qui a réalisé la place de Catalogne à Paris, dans le 14ᵉ arrondissement). Avec ses grandes colonnes, ses piliers, ses torsades, qui évoquent les temples grecs, cette place composée de dalles de 36 centimètres de large, néoclassique, surnommée le "petit Versailles", est circulaire pour rappeler les 360 degrés de la planète.

▸ Station n° 3 : le **parc des Impressionnistes**. Planté d'arbres fruitiers, ce verger, qui existait avant la construction des immeubles qui l'entourent, est un hommage aux peintres impressionnistes qui venaient peindre sur les bords de l'Oise au XIXᵉ siècle.

▸ Station n° 4 : l'**esplanade de Paris**. C'est le premier point de vue dominant de la promenade. Très nue, l'esplanade est une évocation, pour l'artiste, du désert de Neguev. Les pavés en demi-cercle proviennent de la cour Napoléon du Louvre (à Paris), symbolisant l'axe historique du Louvre à La Défense, qui passe par l'Arc de Triomphe. On y trouve une **fontaine de vapeur**, qui puise l'eau chaude à 1 500 mètres de profondeur (la vapeur s'en échappe quand il fait froid) et **12 colonnes** de la même hauteur que le Carrousel des Tuileries qui ferment l'esplanade comme une porte.

▸ Station n° 5 : la **terrasse**. Après les gradins (très pentus), la terrasse offre un autre beau point de vue sur l'Oise.

▸ Station n° 6 : les **jardins des Droits-de-l'Homme-Pierre-Mendès-France**. Ce sont de véritables jardins dans lesquels on peut se promener ou se perdre avec plaisir. Ils proposent aussi une aire de jeux sur la droite. Et, protégé par une cage métallique, un **olivier**, planté en 1990 par le président de la République, François Mitterrand.

▶ Station n° 7 : l'**amphithéâtre**. Les gradins de l'amphithéâtre donnent sur une scène où se jouent des spectacles en plein air.

▶ Station n° 8 : la **scène**. Entourée d'eau, elle s'ouvre sur un bassin directement relié à l'Oise et a le fleuve pour décor. Le bassin à la française donne l'illusion qu'il penche vers le fleuve pour mieux se fondre en lui.

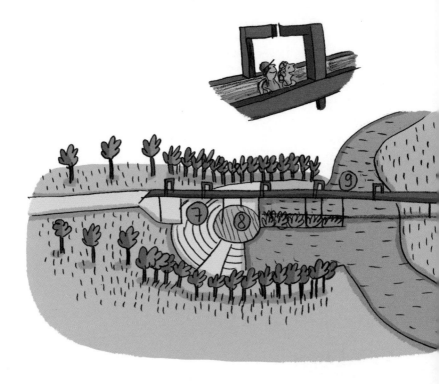

▶ Station n° 9 : la **passerelle**. C'est aussi l'un des endroits les plus spectaculaires de l'Axe majeur. Les arches rouges de cette passerelle se détachent sur le ciel et l'eau et troublent le promeneur qui se sent suspendu, aérien, dans un monde intermédiaire.

▶ Station n° 10 : l'**Île astronomique**. La passerelle débouche face à l'Île astronomique, appelée ainsi car elle devait héberger des instruments pour observer le ciel (des "îles" de ce type ont été aménagées dans des jardins d'Inde, d'Égypte ou du Mexique). C'est le vestige de la sablière qui se situait autrefois à l'emplacement du lac de Cergy.

▶ Station n° 11 : la **pyramide**. Elle est conçue pour attirer vent et lumière. On ne peut pas y accéder, sauf en bateau. L'intérieur est entièrement peint en bleu.

▶ Station n° 12 : le **carrefour de Ham**. C'est un point virtuel dans l'eau où disparaît le laser. C'est la fin de l'Axe majeur (il est situé à 1,5 kilomètre de l'Île astronomique).

▶ La promenade se termine au bord du **lac de Cergy**. Au printemps, les pelouses fourmillent de centaines de lapins peu farouches qui bondissent de bosquet en bosquet. Un chemin contourne le lac et rejoint la base nautique. Bois et grandes prairies se prêtent volontiers à une journée en plein air.

Toujours plus haut au parc de La Courneuve

Accès : prendre le bus 150 porte de La Villette (direction Pierrefitte-Stains-RER), descendre à l'arrêt Cité-Floréal (30 min). Ou le bus 250 au fort d'Aubervilliers (direction Gonesse) et descendre à l'arrêt Cité-Floréal.

Le parc de La Courneuve est l'un des plus grands et des plus beaux parcs de la région parisienne. Il couvre 400 hectares sur quatre communes (La Courneuve, Dugny, Stains et Saint-Denis). Les premières plantations ont eu lieu en 1960 et il a été ouvert progressivement au public. Le dernier aménagement, celui des Cascades, remonte à 2003. Cette promenade vous propose d'en escalader les points les plus élevés.

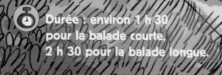

Durée : environ 1 h 30 pour la balade courte, 2 h 30 pour la balade longue.

▸ Prendre l'entrée Marville en face de l'arrêt de bus Cité-Floréal.

▸ Suivre tout droit l'allée jusqu'au premier kiosque. Au carrefour, prendre à gauche vers la **roseraie**. Des parterres de roses s'élèvent en terrasses et colorent jusqu'aux premières gelées le flanc de la colline. Fauteuils et chaises longues en bois sont cachés parmi les roses, la lavande, les arbustes et les pins maritimes : autant d'espaces protégés pour un bain de soleil, une rêverie au calme ou une conversation d'amoureux.

▸ Suivre le sentier et redescendre sur le chemin en direction du **grand lac**. Traverser à droite par les jolis pontons de bois une zone marécageuse où les poules d'eau sont peu farouches. Gagner l'autre rive en direction de la **maison du parc** (documentation, itinéraires).

▸ Le long du lac, prendre la direction du **belvédère**. On a le choix entre le chemin de gauche en pente douce, et celui de droite, escarpé mais bordé d'essences parfumées.

▸ Du belvédère, la vue est formidable. Une première ceinture d'immeubles renforce l'idée que le parc de la Courneuve est bien un grand écrin de verdure précieux. Au loin, le panorama s'étend des communes du Nord-Est parisien à Puteaux. On distingue la tour Montparnasse, le Sacré-Cœur et la colline de Montmartre, la tour Eiffel, les tours du quartier de La Défense.

▸ Prendre à gauche puis à droite en direction du **port**, qu'on laisse pour emprunter à droite le **pont Iris**, qui surplombe la voie du RER. Ses totems aux couleurs vives composent une œuvre qui vient briser avec légèreté la coupure de la voie.

▸ Au premier carrefour juste après le pont, prendre à gauche la direction des **lacs supérieurs**. Contourner les lacs par le sentier de droite. Grimper au sommet des **cascades** par la série d'escaliers. L'effort en vaut la peine : de l'esplanade de bois, le panorama est encore plus vaste que du haut du belvédère. Les plus courageux escaladeront la vingtaine de marches qui les séparent du point le plus haut, au sommet d'un tertre. On mesure alors l'immensité du parc, qui apparaît tel un tapis déroulé à nos pieds. On aperçoit même la plate-forme du premier étage de la tour Eiffel.

▶ Redescendre par le pan incliné de droite, bordé de graminées. Plus loin, des **jeux d'eau** rafraîchissent les jeunes visiteurs, l'été. Les laisser sur la droite, sinon on s'éloigne du trajet du retour vers la **cerisaie**.

▶ Suivre tout droit le chemin principal qui ramène vers le bas des lacs et au pont Iris. On peut aussi traverser par une seconde passerelle moins spectaculaire (plus à droite mais veiller dans tous les cas à franchir la voie ferrée).

▶ Redescendre sur le grand lac, longer l'autre rive à droite. On peut franchir à nouveau les pontons de bois, pour rentrer par la **vallée des Fleurs** sur la droite. À moins qu'on ne préfère traverser la prairie en diagonale pour regagner l'**entrée Marville**.

▶ Pour la promenade courte : redescendre du belvédère, puis prendre deux fois à gauche. Faire le tour du grand lac, longer les pontons, gagner l'entrée Marville.

Plein les yeux au Mac/Val

(Vitry-sur-Seine)

Accès : Prendre le bus 183 au terminus de la porte de Choisy, descendre à l'arrêt Mac/Val (12 à 15 min de trajet).

Musée d'Art contemporain du Val-de-Marne, le Mac/Val présente surtout des artistes de la seconde moitié du XXe siècle à nos jours. Il est consacré aux installations, à la vidéo et à la photographie. Si l'on est hermétique à l'art contemporain ou si l'on cherche à voir des peintures, il vaut mieux s'abstenir. Mais les jeunes enfants s'y sentiront à l'aise, s'emparant de l'espace des salles vastes et claires et, en amateurs d'images fixes ou en mouvement, y trouveront leur compte.

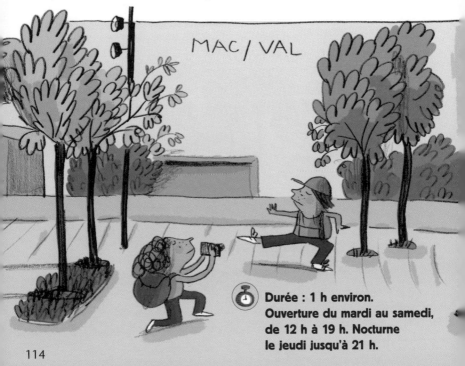

Durée : 1 h environ.
Ouverture du mardi au samedi, de 12 h à 19 h. Nocturne le jeudi jusqu'à 21 h.

▶ Face à l'arrêt de bus, le **musée Mac/Val** s'ouvre de l'autre côté de l'avenue Eugène-Pelletan et occupe un quart du carrefour. Amusez-vous à repérer les mots "musée d'Art contemporain du Val-de-Marne" inscrits sur les bancs...

▶ Devant le musée, prendre le temps d'admirer au centre du rond-point de la place de la Libération la **sculpture de Jean Dubuffet**, *Chaufferie avec cheminée*, que souligne en arrière-plan la façade très graphique d'un immeuble contemporain.

▶ S'il fait beau, commencer par le jardin où dominent la pierre, le marbre et le verre, des arbres palissés le long d'une allée, deux sculptures animées (***Les Grands Fumeurs***, d'Alain Séchas) et l'eau : un bassin avec une rocaille et une pièce d'eau à débordement où se plaisent quelques canards. C'est dans le jardin que se trouve l'esprit des lieux.

▸ Le musée, où l'espace et les verrières ont été privilégiés, fait la part belle à la lumière dès le pan incliné sur la gauche (en venant du jardin) qui descend en douceur au cœur du bâtiment.

▸ L'un des principes de muséographie du Mac/Val consiste à mêler les œuvres d'expositions temporaires à celles du fonds. Ce système d'échos est parfois très pertinent.

▸ Outre les installations, les vidéos, les photos, quelques-unes des œuvres du fonds comme une **Compression de César**, l'**Ascenseur miniature de Tatiana Trouvé** ou la **Fiat de Pierre Ardouvin** amuseront les plus jeunes. Sans oublier d'étranges baignoires...

▸ Se laisser porter par l'architecture du bâtiment et suivre l'enfilade naturelle des salles jusque sur la mezzanine. Au passage, admirer les entrelacs de poutres des plafonds, les puits de lumière, et profiter de la vue très graphique sur le jardin.

▸ Le Mac/Val propose de nombreuses animations à destination des enfants : ateliers, visites guidées, parcours dans le musée et même un livre-jeu, *Le Musée dont vous êtes le héros*, qui en rendent la visite très ludique. Une salle de projection, un restaurant ouvert sur le jardin et une librairie : le Mac/Val est un lieu accueillant.

Table

Réponses aux jeux et devinettes

p. 22 : 3. Un sous La Défense, l'autre après Belvédère, le dernier après l'arrêt Parc-de-Saint-Cloud.

p. 55 : Philippe **le Bel** ; Pépin **le Bref** ; Berthe **au Grand Pied** ; Bertrand **Du Guesclin** (ce n'est pas un roi) ; Louis **XVI** ; Saint **Cucufat** (lui non plus) ; **Dagobert** ; Robert II **le Pieux** ; Louis VI **le Gros** ; Louis X **le Hutin**.

p. 58 : 3, 8, 10, 13, 16.

Remerciements

Claude Combet et Thierry Lefèvre remercient ici :
Jennifer Roux, Laura David, Marion David, Annick Tenreiro
(leurs promeneuses testeuses),
tous ceux qui les ont accompagnés en banlieue,
la Grande Sophie II (leur vigie).

Ainsi que :
le trio gagnant qui donne vie à leurs nonchalantes rêveries :
Magali Le Huche, fidèle au rendez-vous pour la troisième fois,
toujours aussi talentueuse et malicieuse,
Isabelle Péhourticq, leur fidèle éditrice,
Guillaume Berga, leur patient directeur artistique.

Merci à Mélanie Roubineau pour son aide aux couleurs
et merci à Claude et Thierry pour leur curiosité contagieuse !
M. L. H.

Reproduit et achevé d'imprimer en février 2010 par l'imprimerie Pollina à Luçon
pour le compte des éditions ACTES SUD, Le Méjan, Place Nina-Berberova, 13200 Arles.

Dépôt légal 1re édition : avril 2010 – N° impression : L53119 *(Imprimé en France)*